Özge Duran

Identitätsfindung im Migrationsprozess

Existenzanalyse als Hilfestellung bei der Suche nach der eigenen interkulturellen Identität

Bibliografische Information der Deutschen Nationalbibliothek:

Die Deutsche Nationalbibliothek verzeichnet diese Publikation in der Deutschen Nationalbibliografie; detaillierte bibliografische Daten sind im Internet über http://dnb.d-nb.de abrufbar.

Impressum:

Copyright © ScienceFactory 2018

Ein Imprint der Open Publishing GmbH

Druck und Bindung: Books on Demand GmbH, Norderstedt, Germany

Coverbild: GRIN | Freepik.com | Flaticon.com | ei8htz

Inhaltsverzeichnis

Abstract / Zusammenfassung

Diese Arbeit mit dem Titel *„Interkulturelle Identität von MigrantInnen – Möglichkeiten zur Identitätsfindung aus Sicht der Existenzanalyse"* setzt sich mit den spezifischen Belastungen von MigrantInnen sowie der Problematik der Identitätsfindung auseinander. Hierauf aufbauend wird die Existenzanalyse als Möglichkeit einer psychotherapeutischen Betreuung zunächst beschrieben und anschließend erörtert, inwiefern sich diese Therapieform dazu eignet, den Identitätsprozess bei MigrantInnen zu unterstützen. Diese Ergebnisse sind insbesondere vor dem Hintergrund relevant, da zum einen immer mehr Menschen nach Europa flüchten, und zum anderen diese Personen oftmals erhebliche traumatische Erfahrungen gesammelt haben und heute auch noch weitere sekundäre psychosoziale Probleme erfahren müssen. Infolgedessen kann davon ausgegangen werden, dass sich die Psychotherapie sowohl gegenwärtig als auch in der Zukunft vermehrt mit dieser Problemlage auseinandersetzen muss.

This paper titled *Intercultural Identity of Migrants - Possibilities from the perspective of the existential analysis and the Search for Identity* deals with the specific burdens of migrants as well as the problem of finding one's identity. Based on this, the existential analysis as a part of psychotherapeutic care is first described and then discussed to what extent this form of therapy is suitable for supporting the identity process in migrants. These results are particularly relevant against the background of ever-increasing numbers of refugees reaching Europe, their often gained considerable traumatic experiences and other secondary psychosocial problems. As a result, it can be assumed that psychotherapy, both now and in the future, increasingly has to deal with this problem.

Schlagworte

Migration, Identität, Interkulturelle Identität, Identitätsfindung, Existenzanalyse, Logotherapie, Identitätsbildung, Ichfindung

Key words

Migration, Identity, Intercultural Identity, Search for Identity, existential analysis, logotherapy, identity formation, self-discovery

Abbildungsverzeichnis

1 Einleitung

Diese Arbeit beschäftigt sich mit dem Thema „Interkulturelle Identität von MigrantInnen – Möglichkeiten zur Identitätsfindung aus Sicht der Existenzanalyse". Zu Beginn dieser Arbeit erfolgt sowohl eine Problemstellung, als auch die Darlegung der Fragestellung und des methodischen Vorgehens.

1.1 Problemstellung

Wenn man selbst als Migrantin seit vielen Jahren in einer fremden Kultur lebt, dort studiert und arbeitet, hat man einen Blick für die Bedürfnisse, Nöte und Erwartungen anderer MigrantInnen, da die Sicht auf dieses Problem eine andere ist, als von denjenigen Menschen, die in diese Kultur hineingeboren wurden. Somit fällt auf, dass viele MigrantInnen Schwierigkeiten bei der Identitätsfindung haben, da sie sich zum einen hierzulande 'fremd' fühlen und zum anderen aber zweierlei Kulturräumen angehören. Die Gründe, warum MigrantInnen ihr Heimatland verlassen haben, können dabei sehr vielfältig sein. In der Folge erleben diese Personen Abschiede und Trennungen, den Verlust von Freunden und Verwandten, wechselten die Sprache und konfrontieren sich mit den Begriffen Fremd und Anders Sein im sozialen Leben. Ebenso haben sie ihre Heimat verloren, was zu schwierigen und belastenden Situationen führen kann. In der heutigen multikulturellen Gesellschaft kann nicht mehr davon ausgegangen werden, nur mit Angehörigen der eigenen Herkunft umzugehen. In der Psychotherapie liegt daher vermehrt die Herausforderung darin begründet, sich mit den Problemen der MigrantInnen aus anderen Kulturen, Religionen und Gesellschaftsformen auseinanderzusetzen.

Diese Arbeit beschäftigt sich daher mit den spezifischen Belastungen von MigrantInnen sowie den Möglichkeiten und Herausforderungen einer Psychotherapie. Das Ziel dieser Arbeit ist es herauszustellen, inwiefern die Existenzanalyse einen Beitrag zur Identitätsfindung bzw. Identitätsbildung bei MigrantInnen liefern kann.

1.2 Fragestellung und methodisches Vorgehen

Vor diesem Hintergrund soll im Laufe dieser Arbeit folgende Fragestellung beantwortet werden: Welche Möglichkeiten bietet die Existenzanalyse zur Identitätsfindung bei MigrantInnen?

Zur Bearbeitung dieses Themenfeldes gibt es zunächst in einer theoretischen Vorüberlegung eine Auseinandersetzung mit dem Begriff 'Migrant' sowie eine Annäherung an die Begrifflichkeiten 'Identität' und 'interkulturelle Identität'. Im dritten Kapitel werden die spezifischen Belastungen für MigrantInnen herausgearbeitet. Hierbei geht es neben der Migration als traumatische Erfahrung auch um die Identität bei MigrantInnen. Zudem wird der Migrationsprozess im Kontext der Ich-Identität herausgestellt. Die Existenzanalyse nach Frankl und Längle, als Möglichkeit einer psychotherapeutischen Betreuung, wird im vierten Kapitel erarbeitet. Dabei werden sowohl auf psychoanalytische Überlegungen zur Ich-Identität, als auch auf die Person Viktor E. Frankl eingegangen. Hierauf aufbauend wird die Existenzanalyse und Logotherapie dargestellt sowie die Möglichkeiten und aus Sicht dieser Therapieform analysiert. Anschließend erfolgt eine Diskussion und Reflexion der Erkenntnisse. Im letzten Kapitel werden die wichtigsten Erkenntnisse zusammengefasst und in der Schlussbetrachtung zum einen die formulierte Forschungsfrage beantwortet und zum anderen wird ein Ausblick gegeben.

Die Bearbeitung dieses Themenfeldes beruht auf einer Literaturrecherche und-analyse.

2 Theoretische Vorüberlegung

Damit ein guter Einstieg in diese Arbeit gewährleistet werden kann, erfolgt zunächst eine theoretische Vorüberlegung. In diesem Zusammenhang erfolgt eine Auseinandersetzung mit dem Begriff 'Migrant' sowie die Abgrenzung der Begrifflichkeiten von 'Identität' und 'interkultureller Identität'.

2.1 Eine Auseinandersetzung mit dem Begriff 'Migrant'

Für den MigrantInnen-Begriff existiert in der Literatur bislang keine allgemeine und anerkannte Definition. Wenn man sich mit der wörtlichen Bedeutung von Migrant/Migration auseinandergesetzt, welche sich vom lateinischen migrare (wandern) ableitet, so versteht man hierunter die Wanderung oder Bewegung von Menschen oder Gruppen in einem sozialen oder geografischen Raum. Die Richtung einer Migration wird durch die Begriffe Emigration (Auswanderung) sowie Immigration (Einwanderung) festgelegt (vgl. Stasser 2009, S. 17). So existieren in der Literatur zahlreiche Ausführungen zu Migration, welche in einer Abhängigkeit zu der verwendeten wissenschaftlichen Disziplin stehen. Hierbei stehen in den unterschiedlichen Definitionen die Merkmale von Bewegung und Wechsel im Mittelpunkt, wogegen eine Unterscheidung insbesondere „in Bezug auf die Verwendung und Betonung der Kriterien von zurückgelegter Entfernung, von zeitlicher Dimension, inwieweit der Unterschied zwischen Herkunfts- und Zielregion betont wird und schließlich nach der Aufenthaltsdauer [vollzogen wird]“ (ebd.).

Für eine Migration ist die dauerhafte Verlagerung des Lebensmittelpunktes über die Grenzen eines Nationalstaates hinweg entscheidend (Butterwegge 2010, S. 21). Wenn im Rahmen dieser Arbeit von MigrantInnen gesprochen wird, so wird eine solche Verlagerung vorausgesetzt. Überdies können unter dem Begriff 'Migrant' auch Spätaussiedler, Flüchtlinge und Asylsuchende sowie Eingebürgerte verstanden werden, die ihren Lebensmittelpunkt in einem anderen als ihrem Herkunftsland haben (Butterwege 2010, S. 21). Insbesondere die Gruppe der Flüchtlinge wird in dieser Ausarbeitung einer weiteren Betrachtung unterzogen, da dieses Thema derzeit aktuell ist und aufgrund der Flüchtlingsströme davon ausgegangen werden kann, dass hierzulande in den kommenden Jahren immer mehr Flüchtlinge mit traumatischen Erfahrungen leben werden (siehe Kapitel 3.1 Migration als traumatische Erfahrung). „Man spricht von forced migration, wenn es sich um durch Gewalt und Verfolgung ausgelöste Migration handelt, und von voluntary migration, wenn es sich um freiwillige Migration, also vornehmlich um die Wanderung von Arbeitskräften handelt" (Mückler, zit. n. Kronsteiner 2009, S. 89) Für ein weiterführendes Verständnis wird im nachfolgenden Abschnitt auf die Begriffe 'Identität' und 'interkulturelle Identität' eingegangen.

2.2 Identität

In diesem Kapitel soll zunächst der Frage nachgegangen werden, was überhaupt unter einer Identität zu verstehen ist. Der Identitätsbegriff wird in der Literatur kontrovers diskutiert. Diese Diskussion führt allerdings auch dazu, dass eine genaue Begriffsbestimmung als äußerst schwierig angesehen werden kann. Erik H. Erikson hat das Thema der Identität vielfach beleuchtet und setzt die Identitätsentwicklung mit der psychosozialen Entwicklung in Verbindung. Hierbei besteht eine Wechselwirkung zwischen Individuum und Gesellschaft. Ebenfalls ist die Weiterentwicklung des Selbstbildes im Wesentlichen von den sozialen Interaktionen abhängig. Erikson entwickelte in diesem Kontext das Konstrukt der Ich-Identität (vgl. Born 2002, S. 13).

Erikson geht in seiner Vorstellung der Identitätsentwicklung von acht Phasen aus. In jeder Entwicklungsphase wird eine ganz bestimmte Thematik behandelt, welche dem Individuum dabei helfen sollen, Kompetenzen zu erlangen oder vorhandene Fähigkeiten auszubauen. Der Erwerb der Kompetenzen ist an dieser Stelle grundlegend notwendig, um weitere Entwicklungsanforderungen bewältigen zu können (vgl. Born 2002, S. 13). Hierzu formuliert Born (2002): „Der Identitätsbildung weist Erikson in der Adoleszenz eine zentrale Stellung zu. Darüber hinaus bleibt sie jedoch auch in der weiteren Lebensentwicklung ein stets präsentes Thema." (ebd. S. 13). Zudem ist die Identitätstheorie Eriksons eingebettet in seine Theorie der lebenslangen Entwicklung, welche auf Freuds Theorie der psychosexuellen Entwicklung als eine Abfolge psychosozialer Entwicklungsstufen beruht. (Noack 2010, S. 37). (mehr hierzu in Kapitel 4.1 "Psychoanalytische Überlegungen zur Ich-Identität").

Gibt es eine Auseinandersetzung mit dem Identitätsbegriff, so darf auch eine soziologische Betrachtung nicht fehlen, um den Umfang dieser Begrifflichkeit auszulegen. In diesem Kontext wird das Individuum in einer Beziehung zur Gesellschaft gesetzt. Dabei kommt Identität aufgrund von Wirklichkeitsdefinitionen und Wirklichkeitskonstruktionen, der an sozialen Interaktionen Beteiligten, zustande (vgl. Schwantes 2009, S. 17). Identität wird im symbolischen Interaktionismus als „die reflexive Fähigkeit des Subjektes, sich zu sich selbst und zu anderen zu verhalten" (ebd.).

Auch Abels setzt sich mit dem Konstrukt der Identität auseinander und kommt zu folgender Definition: „Identität ist das Bewusstsein, ein unverwechselbares Individuum mit einer eigenen Lebensgeschichte zu sein, in seinem Handeln eine gewisse Konsequenz zu zeigen und in der Auseinandersetzung mit Anderen eine Balance zwischen individuellen Ansprüchen und sozialen Erwartungen gefunden zu haben" (Abels 2017, S. 200). Zudem weist Identität spezifische und einzigartige Merkmale auf, was damit begründet werden kann, dass gesammelte Erfahrungen sehr unterschiedlich wahrgenommen werden (vgl. ebd., S. 211). Wird an dieser Stelle die Frage aufgeworfen, welche Voraussetzungen dafür verantwortlich gemacht werden können, dass unterschiedliche Erfahrungen gesammelt werden, so verweist Abels auf die aktive Rolle des Individuums. Diese Aktivität kommt zum einen aus dem Inneren des Individuums und zum anderen entwickelt sie sich im Rahmen der Auseinandersetzung zwischen Mensch und Gesellschaft. Dabei wird die Aktivität auf zwei Seiten des Ichs verteilt, was in Anlehnung an Mead (1973) zum einen als 'I' und zum anderen als 'me' bezeichnet wird. Dabei darf nicht davon ausgegangen werden, dass diese Seiten getrennt zu betrachten sind, sondern vielmehr handelt es sich um zwei in Beziehung stehende Instanzen des Ichs (vgl. ebd., S. 211 f.).

Dabei ist das 'I' vorsozial sowie unbewusst und in ihm werden sinnliche und körperliche Bedürfnisse zum Ausdruck gebracht. Dieses 'I' kann als impulsives Ich bezeichnet werden, welches nie vollständig sozialisierbar ist und die soziale Selbstdisziplinierung des Menschen, in Traum, Phantasie und spontanen Aktionen, aufheben. Abels (2017) vergleicht es mit dem 'Es' in Sigmund Freuds Modell des 'psychischen Apparates' (vgl. ebd., S. 212). Dadurch, dass das 'I' immer wieder was Neues in die Situation bringt, kommt es „den Zumutungen der Anderen in die Quere, die sich im Laufe der Zeit ein bestimmtes Bild von unserer Identität gemacht haben, aber es durchbricht auch unsere eigenen Strategien, unsere Identität glatt zu schleifen" (Abels, 2017 S. 212). Im Gegensatz dazu wird das 'me' als reflektiertes Ich bezeichnet, da es die Bilder reflektiert, die die Anderen mit uns verbinden. Das 'me' kann zudem als soziale Identität betrachtet werden, da in dem Maße, wie wir uns die sozialen Bilder, die die Anderen von uns haben, auch als typische Bilder von uns in typischen Situationen selbst zurechnen. In diesem Zusammenhang geht Abels (2017) davon aus, dass viele reflektierende Ichs existieren. Begründet werden kann dieser Aspekt damit, dass jedes „me" aus der Erinnerung geschaffen wird, wie andere uns sehen, auf uns reagieren und welche Erfahrung wir mit den Erwartungen der Anderen gesammelt haben (Abels, 2017

S. 212f.). Das Schema des 'I' und 'me' stellt lediglich eine Möglichkeit dar, das Konzept der Identität abzubilden.

Eine philosophische Betrachtung der Identität zeigt auf, dass beim Identitätsbegriff meist die numerische Identität gemeint ist. Wird in diesem Zusammenhang davon ausgegangen, dass a und b identisch sind, so ist gemeint, dass a und b derselbe Gegenstand sind (vgl. Henning 2012, S. 19). Im Rahmen der numerischen Identität und bezugnehmend auf Personen, kann keinesfalls davon ausgegangen werden, dass zwei Personen miteinander identisch sind. Denn dann wären sie nicht zwei Personen, sondern nur eine (vgl. ebd.). Wenn im philosophischen Kontext von Identität gesprochen wird, so werden im Alltag oftmals Ausdrücke wie beispielsweise 'identisch' verwendet, obwohl wir meistens eine andere Relation im Sinn haben. Denn diese Relation ist der qualitativen Identität geschuldet (vgl. ebd., S. 20). Henning (2012) führt an dieser Stelle folgendes an: „Zwei Dinge sind qualitativ identisch, wenn sie haargenau dieselben Eigenschaften haben" (ebd.). Eine weitere Dimension der Identität stellt der Identitätsverlust dar. Diese Begrifflichkeit wird oftmals im klinischen Kontext verwendet und bezieht sich nicht auf die numerische oder qualitative Identität. Im Falle eines Identitätsverlustes wird eher davon ausgegangen, dass eine Konzeption dessen, was man ist, verloren geht (vgl. ebd., S. 20 f.). Hierbei stellt die Identität einer Person ihr Selbstverständnis dar, das heißt, „ihr Verständnis davon, was für sie von Bedeutung ist, was ihre Pläne sind, etc." (ebd.). Überdies kann die philosophische Frage gestellt werden, ob eine Person ihr ganzes Leben mit sich identisch bleibt. Runggaldier (2000) behauptet an dieser Stelle folgendes: Wer klären will, was es bedeutet, dass eine Person sie selbst bleibt, obwohl sie sich in ihren Einstellungen, Überzeugungen und auch in ihrem Aussehen stark verändert, wird nämlich mit dem Verdacht konfrontiert, dass es die gefragte Identität gar nicht gibt oder sich letztlich als Illusion entpuppt" (Runggaldier 2000, S. 70). Heutzutage wird in der Philosophie davon ausgegangen, dass der Glaube an diese diachrone Identität nicht begründet werden kann. Zwar gehen wir Menschen davon aus, dass wir im Laufe der Zeit dieselbe Person bleiben, allerdings ist dieser Glaube nicht haltbar. Hierbei ist es erforderlich, anstatt an die diachrone Identität vielmehr an eine schwächere Kontinuitätsbeziehung zu glauben. Denn: „Dass wir im Laufe unseres Lebens mit uns selbst identisch bleiben, bedeutet letztlich nichts anderes, als dass unsere zeitlichen Abschnitte oder Phasen in einer – genauer zu spezifizierenden – Art Kontinuitätsbeziehungen zueinander stehen " (ebd., S. 71).

Somit kann herausgestellt werden, dass diese Begrifflichkeit nur schwer zu fassen ist, für die keine eindeutige Definition existiert. Dabei erscheint die Frage, was nun tatsächlich die eigene Identität sei, aussichtslos (vgl. Levold 2012, S. 392). Diese Arbeit erhebt nicht den Anspruch, eine formale Definition von Identität zu erarbeiten. Allerdings sollten in diesem Beitrag die wesentlichen Aspekte der Identität herausgearbeitet werden. Nachfolgend wird daher auf die interkulturelle Identität eingegangen.

2.3 Interkulturelle Identität

An diesem Punkt kann zunächst nun die Frage gestellt werden, was unter interkulturell verstanden werden kann. Eine Auseinandersetzung mit dem Terminus 'interkulturell' legt nahe, dass es sich hierbei um Kulturen und deren Stellung zueinander handelt. Der Psychologe Alexander Thomas (1993) definiert Kultur folgendermaßen:

> „Kultur ist ein universelles, für eine Gesellschaft, Organisation und Gruppe aber sehr typisches Orientierungssystem. Dieses Orientierungssystem wird aus spezifischen Symbolen gebildet und in der jeweiligen Gesellschaft usw. tradiert. Es beeinflusst das Wahrnehmen, Denken, Werten und Handeln aller Mitglieder und definiert somit deren Zugehörigkeit zur Gesellschaft. Kultur als Orientierungssystem strukturiert ein für die sich der Gesellschaft zugehörig fühlenden Individuen spezifisches Handlungsfeld und schafft damit die Voraussetzungen zur Entwicklung eigenständiger Formen der Umweltbewältigung." (Thomas, A 1993, S. 380)

Die Identitätsbildung ist jedoch eine universale Kompetenz, die jeder erlangen kann, egal welcher Kultur er angehörig ist. Aufgrund einer Sozialisierung entsteht Identität. Dieser Prozess vollzieht sich in einer bestimmten Gesellschaft, die durch eine gemeinsame Kultur verbunden ist (Schwantes 2009, S. 22). Schwantes (2009) stellt in diesem Zusammenhang folgendes heraus: „Jede Person lebt daher in einem kulturellen Kontext mit einer jeweils eigentümlichen Symbolwelt, wodurch die Identität kulturell beeinflusst ist und kulturspezifische Merkmale erhält" (ebd.). Im Rahmen der interkulturellen Identität kann darauf verwiesen werden, dass zum einen sich die raumzeitliche Bindung menschlicher Identität auflöst und zum anderen Identität nicht länger als dauerhaft stabil, sondern wandelbar betrachtet werden kann. Zudem kann Identität nicht als einheitliches Ganzes, sondern als eine Vielzahl zum Teil auch widersprüchlicher und von der Situation abhängiger Identitäten verstanden werden. Es kann daher davon ausgegangen werden, dass beispielsweise die Globalisierung dazu führt, dass sich kulturelle Identitäten langsam auflösen (Ondoa 2005, S. 88).

An dieser Stelle soll die Vermutung dargelegt werden, dass insbesondere dieser Auflösungsprozess dazu führen kann, dass betroffene Menschen Probleme mit der eigenen Identität aufweisen. Aber auch der Aspekt, dass MigrantInnen sich zu mehreren kulturellen Räumen zugehörig fühlen, bestätigt diese Annahme. Darüber hinaus sind MigrantInnen zudem von spezifischen Belastungen betroffen. Auf dieses Themenfeld wird im nachfolgenden Abschnitt genauer eingegangen.

3 Spezifische Belastungen für MigrantInnen

Das Ziel dieses Kapitels besteht darin, die spezifischen Belastungen für MigrantInnen herauszuarbeiten. Hierbei wird zum einen auf die Migration als traumatische Erfahrung und zum anderen auf die Identität bei MigrantInnen eingegangen. Zudem wird der Migrationsprozess und die Ich-Identität thematisiert.

3.1 Migration als traumatische Erfahrung

In diesem Abschnitt soll dem Aspekt der Migration als traumatische Erfahrung nachgegangen werden. Sicherlich kann davon ausgegangen werden, dass viele MigrantInnen keine traumatischen Erfahrungen haben, allerdings muss an dieser Stelle, in Anbetracht der aktuell bestehenden Flüchtlingsströme, auf den Aspekt der Zwangsmigration eingegangen werden (Wirtgen 2009, S. 2463). An dieser Stelle muss zunächst einmal die Frage gestellt werden, was unter einem Trauma zu verstehen ist. Dabei bezieht sich diese Auseinandersetzung auf die Aspekte eines psychischen Traumas. Denn: „Ein psychisches Trauma ist ein Ereignis, das die Fähigkeit der Person, für ein minimales Gefühl von Sicherheit und integrativer Vollständigkeit zu sorgen, abrupt überwältigt. Das Trauma geht mit überwältigender Angst und Hilflosigkeit einher" (Streek-Fischer 2014, S. 131).

Traumatische Ereignisse können ganz unterschiedliche Folgen für das Individuum haben. So kann ein einmaliges Trauma zu einer vorübergehenden, akuten posttraumatischen Belastung führen, die im weiteren Verlauf entweder verarbeitet oder überwunden werden kann oder vollständig aus der Erinnerung gelöscht wird (vgl. ebd., 132). Erleben Menschen ein Trauma, so erschüttert es diesen in seinen Grundfesten. In diesem Zusammenhang kann darauf verwiesen werden, dass keine Liste von Symptomen existiert, die ein traumatisierter Mensch aufweist. Hierbei spielt das Gesamtbild des Menschen und sein gesamtes Erleben eine wichtige Rolle. Daher muss von einer verallgemeinernden Beschreibung Abstand genommen werden, da ein Mensch ein Trauma subjektiv und individuell erlebt. Dabei kann n jedes Symptom und jedes Erscheinungsbild unterschiedliche Ursachen haben. So können beispielsweise Angstgefühle zum einen Folgen einer Traumatisierung sein und zum anderen jedoch auch von anderen Alltagserfahrungen herrühren (vgl. Baer & Frick-Baer 2016, o.S.).

Ein unbewältigtes Trauma kann jedoch dazu führen, dass Trauerprozesse, die beispielsweise durch Vergewaltigungen und Versuche einer ethnischen Säuberung ausgelöst werden, beeinträchtigt werden (vgl. Volkan 2002, S. 26). Schwer traumatisierte Menschen vermeiden es daher, ihrer Wut Ausdruck zu verleihen und sie überhaupt zuzulassen. Betroffene spüren oftmals keine Wut, jedoch das Gefühl von Demütigung, Scham und Hilflosigkeit sowie die Identifizierung mit der Wut des Auslösers, bzw. Verfolgers (vgl. ebd.). Bei vielen Betroffenen ist ein Trauma überhaupt nicht ersichtlich, da sie auf den ersten Blick nicht zeigen, dass sie ein solches in sich beherbergen. Um dies zu verstehen, ist es erforderlich kurz darzulegen, was Trauer bedeutet.

Baer und Frick-Baer (2016, o.S.) verweisen darauf, dass Trauern ein Gefühl des Loslassens darstellt. Wenn etwas verloren wird, beispielsweise die Heimat oder Familienmitglieder, dann hilft das Gefühl der Trauer loszulassen. MigrantInnen und insbesondere Flüchtlinge haben sehr viel losgelassen und müssen auch in der Zukunft weiterhin viel loslassen (vgl. ebd.). Während der Flucht und des gesamten traumatischen Prozesses haben die betroffenen Menschen keine Möglichkeit, ihrer Trauer Raum zu geben (vgl. ebd.). Um in diesem Zusammenhang eine normale Trauerarbeit zu ermöglichen, muss wieder eine Verbindung zu der Vergangenheit geschaffen werden, welche bislang jedoch verleugnet wurde (vgl. Volkan 2002, S. 26). Hierbei bedarf es eines Innehaltens und auch einer verständnisvollen Fürsorge sowie Menschen, die zuhören und die Trauer teilen können. Denn: „Im Kampf um das Überleben, um das Ankommen, das Sich-neu-Einrichtens in der neuen Heimat ist dazu fast immer zu wenig Gelegenheit" (Baer & Frick-Baer 2016, o.S.). Aber nicht nur der Verlust von Familie und Land spielen hierbei eine Rolle, sondern auch die Identität. Traumatische Erfahrungen können demnach dazu führen, dass Betroffene „psychisch im Niemandsland zwischen ihrem Herkunftsland und der Neuen Heimat" bleiben (Volkan 2002, S. 26 f.).

Auch nach vielen Jahren sind die Folgen von traumatischen Ereignissen immer noch nachweisbar. So stellen die Autoren Kruse, Brandmaier und Hofmann (2013) dar, dass posttraumatische Belastungsstörungen eine hohe Chronifizierung aufweisen. Am Beispiel der Flucht aus Kambodscha in die USA weisen rund 60 Prozent der Flüchtlinge posttraumatische Belastungsstörungen auf und rund die Hälfte aller Flüchtlinge leidet an Depressionen (vgl. S. 27). So sind beispielsweise Depressionen sehr häufig bei Folteropfern nachzuweisen. In wissenschaftlichen Untersuchungen konnte festgestellt werden, dass depressive Erkrankungen bei bis zu 100 Prozent der Folteropfer festgestellt werden konnten (vgl. ebd., S. 28). Depressionen sind demnach Langzeitfolgen der traumatischen Belastungen, selbst noch nach vielen Jahren. Bei weiblichen Flüchtlingen (auch bei Kindern und Jugendlichen) kommt es häufig vor, dass sie in ihrer Heimat vergewaltigt oder sexuell genötigt worden sind. Auch hier konnten Untersuchungen zeigen, dass eine posttraumatische Störung bei Vergewaltigungsopfern sehr häufig vorkommt und auch für eine lange Zeit bestehen bleibt (Geier, Daqieq & Schlüter-Müller 2012, S. 267).

Eine australische Studie ging der Frage nach, wie sich die vor der Ankunft im Aufnahmeland erlebten Traumatisierungen und die Lebensbedingungen im Sudan auf die psychische Befindlichkeit der Flüchtlinge auswirkt. Diese Studie verweist darauf, dass rund fünf Prozent der Betroffenen eine traumatische Belastungsstörung hatten und 25 Prozent hatten weitere hohe psychische Symptombelastungen. Dabei sind Frauen deutlich häufiger von psychischen Belastungen betroffen und somit weisen Frauen häufiger posttraumatische Belastungen und depressive Symptome auf. Werden diese Personen jedoch sozial unterstützt, so erweist sich dies als Schutzfaktor und kann eine posttraumatische Belastungsstörung minimieren (vgl. Erim 2009, S. 95). Zudem konnte eine weitere Untersuchung zeigen, dass psychische Störungsbilder im Kontext der Migration keine Seltenheit darstellen. Hierbei wurden in Australien 40 Asylsuchende sowohl vor als auch nach der Migration auf Belastungsstörungen untersucht. Diese Personen kamen aus China, Bangladesch, Osttimor sowie Peru und waren in ihrer Heimat erheblichen Traumata ausgesetzt, wie beispielsweise der Ermordung von Familienmitgliedern oder Folter. MigrantInnen waren zudem postmigratorischen Belastungen ausgesetzt, da ihr Aufenthaltsstatus nicht klar geregelt war. Somit bestand eine große Angst davor, in das Heimatland wieder abgeschoben zu werden. Darüber hinaus ist die Trennung von der Familie als wichtiger Stressfaktor anzusehen (vgl. ebd., S. 95 f.).

In diesem Abschnitt konnte gezeigt werden, dass die Belastungen im Kontext der Migration sehr vielfältig sein können. Eine traumatische Erfahrung rührt insbesondere aus den Erfahrungen, die im Migrationsprozess gesammelt wurden. Darüber hinaus führen solche Belastungen dazu, dass kein Trauerprozess stattfinden kann. Dies hat zur Folge, dass die Vorstellung zur eigenen Identität ins Wanken gerät. Aus diesem Grunde erfolgt in den nachfolgenden Abschnitten eine Auseinandersetzung mit der Identität von MigrantInnen. An dieser Stelle wird sowohl die Identität bei jugendlichen MigrantInnen erörtert als auch auf deren Identität und den Globalisierungsprozess eingegangen.

3.2 Zur Identität bei MigrantInnen

3.2.1 Identität bei jugendlichen MigrantInnen

An dieser Stelle soll zunächst auf die Problematik bei jugendlichen MigrantInnen eingegangen werden, da, wie im Abschnitt 2.2 beschrieben wurde der Identitätsbildung in der Adoleszenz eine wichtige Bedeutung zugesprochen werden muss (Born 2002, S. 13). Jugendliche mit Migrationshintergrund müssen sich neben der Beschäftigung mit alterstypischen Entwicklungsaufgaben auch mit den Vorstellungen ihrer Identität und Zugehörigkeit auseinandersetzen. Die Unsicherheit von Zugehörigkeit basiert beispielsweise häufig auf dem Aspekt, dass aus juristischer Sicht zwar eine deutsche Staatsangehörigkeit besteht, jedoch häufig optisch erkennbar ist, ob ein Jugendlicher einen Migrationshintergrund aufweist (Roth & Terhart 2008, S. 4). Diese Verwirrung der Zugehörigkeit, da sie nicht eindeutig ist, führt zu Unsicherheiten in der Gesellschaft, was sich wiederum auf die Identität auswirken kann. Überdies spielt die Skandalisierung des gesellschaftlichen Handelns in der Identitätsentwicklung eine wesentliche Rolle. So besteht die Problematik darin, dass sich sowohl Kinder als auch Jugendliche mit Migrationshintergrund mit Pauschalisierungen, Stereotypen und Vorurteilen konfrontiert sehen (vgl. ebd.). So kann angenommen werden, dass die gesellschaftlichen Vorurteile sich kontraproduktiv auf die Identitätsentwicklung auswirken können. Werden jugendliche MigrantInnen kontinuierlich mit Voreingenommenheit konfrontiert, so kann hieraus geschlussfolgert werde, dass die bereits bestehende Unsicherheit wächst. Denn die psychosoziale Entwicklung und Identitätsentwicklung steht in einer Wechselwirkung mit der Gesellschaft (Born 2002, S. 13).

Grundlegende Voraussetzungen für die Identitätsentwicklung stellt die soziale Anerkennung und Zugehörigkeit dar, was die Problematik von Diskriminierung, Marginalisierung und Bildungsbenachteiligung von jugendlichen MigrantInnen verdeutlicht. Im Bildungssystem werden diese MigrantInnen jedoch systematisch benachteiligt (Rosen 2014, S. 331). Da Jugendliche mit Migrationshintergrund mit Diskriminierungen konfrontiert werden, könnte dies Auswirkungen auf die Rollenfindungsprozesse und Identitätsfindung haben (vgl. ebd., S. 332). Die Schule nimmt dabei eine wichtige Stellung bei der Identitätsbildung von jugendlichen MigrantInnen ein. So formuliert Sander (2014). „Zu den notwendigen gesellschaftlichen Vorbedingungen einer peerorientierten und kulturell je besonderen Lebensphase Jugend gehören bestimmte Institutionen, zentral die Schule, die als Kristallisationskern bzw. als Kreißsaal von Gleichaltrigen Kulturen wirkt" (Sander

2014, S. 32). So kann jedoch festgehalten werden, dass nicht mehr die klassischen Instanzen, wie Familie, Schule und Peergroup, zur Identitätsbildung beitragen. Zunehmend werden alle Lebensbereiche, auch die Schule, von den Medien durchdrungen (vgl. Herzig & Aßmann 2014, S. 647). In Anbetracht der vielfältigen Möglichkeiten aber auch Herausforderungen in Bezug auf die Identitätsbildung in einer mediendurchdrungenen Gesellschaft stellt sich die Frage, welche spezifischen Aufgaben sich daraus für die Bildungs- und Erziehungseinrichtung Schule ergeben (vgl. ebd., S. 653). So kann Schule zwar nicht die Identitätsarbeit von Kindern und Jugendlichen anleiten, sie kann aber die Entwicklung dazu notwendiger Kompetenzen fördern und unterstützen. Dies drückt aus, dass Bildungsinstitutionen Jugendliche und auch jugendliche MigrantInnen auf eine Begegnung mit einer mediendurchdrungenen Welt – im Sinne der Nutzung von Chancen und der Bewältigung von Problemlagen – vorbereiten müssen (vgl. ebd., S. 658). Allerdings bleibt es fraglich, ob es den Schulen bezüglich Jugendlicher mit Migrationshintergrund gelingt, Kompetenzen für eine postmoderne Identitätskonstruktion bereitzustellen (Rosen 2014, S. 343).

Oftmals misslingt jugendlichen MigrantInnen auch der Übergang zwischen Schule und Beruf häufiger als dies bei Jugendlichen ohne Migrationshintergrund der Fall ist. Zum Teil ist diese Ungleichheit einem schlechteren schulischen Auftritt zuzuordnen. Erfüllen MigrantInnen und nicht-MigrantInnen die gleichen Anforderungen, so sind die Chancen von Jugendlichen MigrantInnen, auf einen Ausbildungsplatz, wesentlich geringer. So konnte eine Untersuchung der Bertelsmann Stiftung zeigen, „dass nur rund 15 Prozent, der für die Ausbildung attraktiven Unternehmen, Jugendliche mit Migrationshintergrund ausbilden. Viele Unternehmen befürchten Sprachbarrieren oder kulturelle Unterschiede" (Enggruber & Rützel 2014, S. 8 ff.). Infolgedessen kann angenommen werden, dass viele Jugendliche MigrantInnen bei ihrer Ausbildungssuche scheitern und sich ungelernte Tätigkeiten aussuchen. Allerdings spielt die berufliche Identität eine wesentliche Rolle im Rahmen der Identitätsentwicklung, denn diejenigen Berufe, mit denen sich der Auszubildende gerne identifiziert, begünstigen die Entwicklung einer beruflichen Kompetenz und somit auch einer beruflichen Identität (Rauner 2010, S. 72). Denn die berufliche Identität steht in einem engen Zusammenhang zum Engagement und findet im Laufe der Ausbildung in einem Beruf statt. Jedoch hängt dies auch von der Bereitschaft ab, eine solche Identität auch subjektiv entwickeln zu wollen und zu können (vgl. ebd., S. 73).

Demzufolge bleibt es fraglich, ob der jugendliche Migrant eine berufliche Identität entwickeln kann, wenn er keine Möglichkeit sieht, in seinem 'Wunschberuf' eine Ausbildungsstelle zu erhalten. Hierdurch konnte exemplarisch gezeigt werden, welche Schwierigkeiten die Migration, im Kontext der Identitätsentwicklung, aufweisen kann. Dabei wirken sich diese Problematiken auf sämtliche Bereiche des Lebens aus und sind auch nicht nur auf die Spanne der Adoleszenz beschränkt. Nachfolgend soll das Thema vertieft werden und auf die Identität hinsichtlich der Globalisierungsprozesse eingegangen werden.

3.2.2 Identität und Globalisierungsprozess

Grundsätzlich kann davon ausgegangen werden, dass insbesondere Globalisierungsprozesse sich auf die Identität von MigrantInnen auswirken. In diesem Zusammenhang ist die 'Zeit-Raum-Verdichtung' zu nennen, denn alle Identitäten sind symbolisch in Zeit und Raum verortet. Verändert sich diese Verdichtung, so bedeutet dies auch ein Wandel der Identität (Penitsch 2003, S. 22). In diesem Zusammenhang kann auch von einer sogenannten 'Transmigration' und 'transnationalen Identität' gesprochen werden. Die Merkmale der Transmigration liegen darin, dass es einen normalen Zustand darstellt, wenn MigrantInnen zwischen verschiedenen Lebensorten in verschiedenen Ländern wechseln. Dabei fallen die entstandenen Sozialräume nicht eindeutig zusammen, wie es bei der Immigration und Emigration der Fall ist (Gogolin & Pries 2004, S. 10). Somit können diese transnationalen Sozialräume „als multiple, durchaus widersprüchliche und spannungsgeladene Konstruktionen auf der Basis identifikativer und sozialstruktureller Elemente der Herkunfts- und der Ankunftsregion" verstanden werden (ebd.). TransmigrantInnen positionieren sich somit in mehreren Regionen und Gesellschaften gleichzeitig (vgl. ebd.).

Hinsichtlich der transnationalen MigrantInnen kann in diesem Zusammenhang angeführt werden, dass multiple Identitäten geschaffen werden, welche sich sowohl auf die Heimat-, als auch auf die Siedlungsidentität beziehen (Glick Schiller, Basch & Blanc-Szanton 1997, S. 94). Indem verschiedene Identitäten gebildet werden, „sind TransmigrantInnen in der Lage, ihren Widerstand gegenüber den globalen politischen und ökonomischen Verhältnissen auszudrücken, denen sie ausgesetzt sind, selbst wenn sie sich, den durch Unsicherheit gekennzeichneten Lebensbedingungen, anpassen" (ebd.). Durch das Leben in verschiedenen Gesellschaften könnten TransmigrantInnen ihre Handlungen und Überzeugungen kontinuierlich verändern. Damit agieren und reagieren insbesondere transnationale

Arbeitskräfte in einer Art und Weise, die dafür sorgt, dass kulturelle Differenzierungen und separierte Identitäten geschaffen werden (vgl. ebd.). Die Autoren Glick Schiller, Basch und Blanc-Szanton (1997) betonen, dass diese Wandlungsfähigkeit dafür sorgt, dass dadurch verschiedene Optionen offengehalten werden können. Dazu müssen die Betroffenen jedoch die unterschiedlichen Positionen in ein anderes System übersetzen (vgl. ebd., S. 95). Hierzu fordern die Autoren, dass es dringend erforderlich ist, Kultur und Gesellschaft neu zu konzipieren. Wichtig ist es daher auch, den Migrationsprozess und Ich-Identität zu betrachten. Der nachfolgende Abschnitt beschäftigt sich daher mit diesem Themenfeld.

3.3 Migrationsprozess und Ich-Identität

Es kann davon ausgegangen werden, dass das Migrationserleben ein traumatisches Geschehen ist, welches sich auf die Ich-Identität auswirkt und in der Folge unterschiedliche Anpassungsreaktionen und Abwehrstrategien hervorruft. Denn neben den traumatischen Erfahrungen kann durch den Wechsel von Sprache und Kultur eine transkulturell bedingte Form von Unbewusstheit entstehen, welches für ein Unterdrücken von emotionalen und affektiven Vorgängen verantwortlich gemacht werden kann (vgl. Kohte-Meyer 2009, S. 146). Penitsch (2003) zeigt auf, dass sich Migration in zweierlei Hinsicht auf die Identität auswirkt. Zum einen verändert eine Migration die Identität der MigrantInnen selbst, da die Verbindung von Territorium und Identität nicht mehr in den bekannten Maßen existieren. Infolgedessen führt dies zu der Bildung von neuen Identitätskonzepten. Zum anderen werden durch die zunehmende Migration auch die Aufnahmeländer verändert. Das bedeutet, dass durch die Pluralisierung der Gesellschaft die nationale Identität hinterfragt werden muss (vgl. ebd., S. 21). In Bezug zur 'Zeit-Raum-Verdichtung', wie bereits in Kapitel 3.2.2 angeführt, kann dargestellt werden, dass im Rahmen von Migrationsprozessen Raum und Ort[1] zunehmend auseinanderrücken. Dabei bestehen keine klar definierten Orte mehr, sondern sie sind das Ergebnis einer kulturellen Konstruktion (vgl. ebd., S. 22). Weiterhin haben Menschen ein spezifisches Ich-Erleben. Dieses Erleben resultiert aus der Kultur und den Ritualen des sozialen Lebens und die jeweilig erlaubte Art der Triebbefriedigung (Kohte-Meyer 2009, S. 148).

---

[1] Der Ort stellt für Penitsch (2003) etwas Konkretes, Bekanntes und Familiäres dar. Mit ihm werden spezifische soziale Praktiken verbunden (vgl. S. 22).

Wird der Migrationsprozess betrachtet, so wird dieses Ich-Erleben in Frage gestellt. Denn: „Im konkreten Zusammentreffen von Menschen aus unterschiedlichen sozialen und kulturellen Räumen, bei der individuellen Begegnung, entsprechen sich die inneren Vorannahmen und Erwartungen für das jeweilige Verhalten des anderen nicht mehr, z.B. bei dem Begrüßungsritual" (ebd.). So kann es dazu kommen, dass die Kommunikation entgleist und die Interaktionen, aufgrund unterschiedlicher kultureller Bedingungen, keine wechselseitigen Entsprechungen mehr finden, denn es begegnen sich kulturell verschiedene Rollen und Normen, die sich unbewusst gebildet haben. Dieses Spannungsfeld entsteht, da keine Spiegelung und Entsprechung des Anderen im Anderen erfolgen kann. Im Inneren existiert kein Muster darüber, wie das andere Verhalten ablaufen soll. Am Beispiel der Begrüßung kann angeführt werden, dass kein Handlungsentwurf darüber besteht, wie gestisch und verbal gehandelt werden soll. Daher müssen diese Handlungsentwürfe neu aufeinander abgestimmt werden, wenn eine Interaktion erfolgreich sein soll. Dies stellt einen wesentlichen Grundkonflikt dar, dem MigrantInnen ausgesetzt sind, (vgl. ebd.).

Ein Trauma kann infolgedessen dann auftreten, wenn die anderen Menschen aus dem Kulturkreis wegfallen, die bisher die eigene psychosoziale Identität bestimmt haben. Migration ähnelt einer zweiten Geburt, man taucht in eine andere, unbekannte Welt ein, muss gleichsam eine neu schützende Haut, ein Objekt finden (Karatza-Meents 2010, S.321). Um sich vor solchen Erschütterungen zu schützen, bestehen Schutzmechanismen, wie eine Anpassungsleistung des Ich. Dieses dient dazu, dass beim Wechsel des sozialen Ortes eine Ausrichtung an die Außenwelt erfolgt. Daher werden die bisherigen entwickelten psychischen Strukturen 'Ich', 'Es' und 'Über-Ich' Frage gestellt (vgl. ebd.) (siehe hierzu auch Kapitel 4.1 'Psychoanalytische Überlegungen zur Ich-Identität'). Nach dieser Darstellung des Migrationsprozesses und der Ich-Identität, beschäftigt sich das nachfolgende Kapitel mit der Existenzanalyse nach Frankl und Längle als Möglichkeit einer psychotherapeutischen Betreuung.Existenzanalyse als Möglichkeit einer psychotherapeutischen Betreuung

In diesem Kapitel wird auf die Existenzanalyse eingegangen sowie die Möglichkeit einer psychotherapeutischen Betreuung herausgearbeitet. Hierzu erfolgt zunächst eine psychoanalytische Überlegung zur Ich-Identität, um nachfolgend auf die Existenzanalyse und Logotherapie einzugehen. In diesem Zusammenhang wird zunächst auf die Person Frankl verwiesen und anschließend die theoretischen Grundannahmen thematisiert. Überdies werden die Methoden und Anwendungsgebiete vorgestellt sowie die Möglichkeiten dieser Therapieform analysiert.

3.4 Psychoanalytische Überlegungen zur Ich-Identität

An dieser Stelle soll auf die Entwicklung der Ich-Identität eingegangen werden und diese aus psychoanalytischer Sicht betrachtet werden. Die Ich-Identität stellt die Herstellung und Erhaltung des Gleichgewichtes zwischen persönlicher und sozialer Identität dar. Die persönliche Identität bezieht sich hierbei auf die eigene Biografie und gewährleistet die Stetigkeit des Ich. Die soziale Identität hingegen bezieht sich auf die Einheit der verschiedenen Rollenerwartungen. Dies verweist auf die Vorstellung, wie andere Menschen ein Individuum sehen und wie es sich nach der Interpretation ihrer Erwartungen zu verhalten hat (vgl. Schwantes 2009, S. 21). In diesem Zusammenhang ist es entscheidend, dass beide genannten Dimensionen in einem ausgewogenen Verhältnis zueinanderstehen, um eine Formierung der Ich-Identität zu erreichen. Identität bedeutet daher zu sein wie kein anderer und auch zu sein wie alle anderen (vgl. ebd.). Ein Balancezustand muss in dreierlei Hinsicht aufrechterhalten werden (vgl. ebd.): „Gleichgewicht zwischen widersprüchlichen (Rollen)Erwartungen, Gleichgewicht zwischen Anforderung anderer und den eigenen Bedürfnissen, Gleichgewicht zwischen dem Bedürfnis, sich dem anderen als einmalig und verschiedenartig darzustellen und trotz der Notwendigkeit dieser Einmaligkeit Anerkennung des anderen zu erhalten." (Schwantes 2009, S.21)

Es kann herausgestellt werden, dass der Begriff der Ich-Identität von vielen Wissenschaftlern geprägt wurde. Der erste war Sigmund Freud, der die Bildung der Ich-Identität, dem Resultat des Wechselspiels zwischen 'Es' und 'Über-Ich' zusprach. Daher soll im Folgenden zunächst auf die kindliche Entwicklung im Kontext des Theorieansatzes Freud eingegangen werden. So entwickelt sich nach dem Freud'schen Modell das Bewusstsein eines Kindes über Jahre hinweg. Aufgrund von Erfahrungen kann die Persönlichkeit im weiteren Verlauf reifen. Die Psyche eines Neugeborenen ist nach Freud augenblicklich nach der Geburt unbewusst. Sie wird vorrangig von den Triebkräften gesteuert, welche nach Freud das 'Es' darstellt. Das Es bleibt im gesamten Lebenslauf für das Unbewusste entscheidend. Das Es handelt nach dem Lustprinzip, ohne auf Regeln zu achten, die von der Außenwelt gegeben werden (Thomas & Feldmann 2002, S. 112).

An dieser Stelle übernimmt das 'Ich' die Funktion des Vermittlers zwischen Triebbedürfnissen und der Wirklichkeit. Jedoch ist diese Funktion in der anfänglichen Phase der Entwicklung nur schwach ausgeprägt. „Nur ein ganz kleiner Teil des Ichs kann als bewusst [!] bezeichnet werden; denn der Säugling verfügt lediglich über eine embryonisch-vage Wahrnehmung seiner eigenen Existenz" (ebd., 112). In der nachfolgenden Abbildung wird die Entwicklung der Psyche dargestellt.

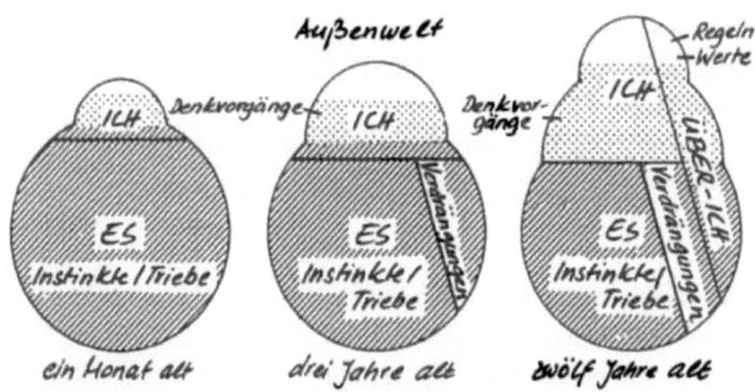

Abbildung 1: Die Entwicklung der Seele oder der Psyche (Thomas & Feldmann 2002, S. 112)

Im 'Es' sitzt die Libido und der Todestrieb, während das Über-Ich die Gewissensdistanz einer Person darstellt. „Die soziale Entwicklung des Kindes nach psychoanalytischer Auffassung kann man sich leicht so vorstellen, dass gesellschaftliche Erwartungen durch Normen von den Eltern verkörpert werden" (Heidbrink, Lück & Schmidtmann 2009, S. 141). Durch Ge- und Verbote sowie Lob und Strafe der Eltern erfährt das Kind diese Normen. Die ödipalen Triebimpulse werden dann vom Kind abgelegt, Voraussetzung ist jedoch eine erfolgreiche Entwicklung. Beim Jugendlichen ist die Entwicklung des Über-Ichs dann abgeschlossen, wenn die elterlichen Normen in eigene Vorstellungen integriert werden können (vgl. ebd.). Die Neo-Freudianische Psychoanalyse geht allerdings von einem anderen Grundkonflikt des Individuums aus. Hierbei werden die instinktgetriebenen und vorprogrammierten Eigenschaften widerlegt und der Schwerpunkt daraufgesetzt, dass das Kind ein Wesen darstellt, welches, abgesehen von angeborenen neutralen Eigenschaften, vollständig von kulturellen und zwischenmenschlichen Umgebungen geformt wird (vgl. Yalom 2010, o.S.).

Das Grundbedürfnis des Kindes ist Sicherheit, die durch zwischenmenschliche Akzeptanz und Anerkennung gekennzeichnet ist. Zudem beeinflusst die Charakterstruktur des Kindes die Qualität der Interaktion mit bedeutenden Erwachsenen. Obwohl davon ausgegangen wird, dass das Kind nicht von den Instinkten geleitet wird, hat es dennoch ein hohes Maß an angeborener Energie, Neugier, einer Unschuld des Körpers, einem innewohnenden Wachstumspotenzial sowie den Wunsch geliebte Erwachsene um sich zu haben. Ein Konflikt entsteht in diesem Zusammenhang beispielsweise dann, wenn diese Forderungen nicht mit den Intentionen bedeutsamer Erwachsener übereinstimmen (vgl. ebd.).

Zudem kann herausgestellt werden, dass Freud zwar von der Persönlichkeitsentwicklung spricht, der Begriff der Identität allerdings nicht verwendet wird. Erikson war hingegen der erste, der diesen Begriff in die psychoanalytische Theoriebildung einbrachte. In diesem Zusammenhang verband Erikson soziologische und psychologische Erkenntnisse und definierte die Erlangung von Ich-Identität als zweifache Leistung. So hat das Individuum die Aufgabe, die psychische Leistung der Synthese von Impulsen des 'Es' und des 'Über Ich' nach Freud zu erbringen. Das bedeutet, dass sich das Individuum mit unterschiedlichen Identifikationen in der Kindheit auseinandersetzen und in der Folge verschiedene Selbstbilder und Selbstkonzepte integrieren muss (vgl. Supper 1999, S. 14 f.). Die andere Leistung bezieht sich darauf, dass die Ausbildung einer stabilen Ich-Identität auch von der Auseinandersetzung mit der gesellschaftlichen Realität beeinflusst wird. Auftretende Inkonsistenzen zwischen dem individuellen Selbstbild und den sozialen Anforderungen müssen integriert werden (vgl. ebd., S. 15.).

In diesem Kontext kann herausgestellt werden, dass für Erikson die Umwelt bei der Identitätsbildung eine deutlich größere Rolle, als für Freud, spielt. Aber für Erikson ist auch die Identitätsentwicklung mit dem Erwachsenwerden abgeschlossen, da diese als Leistung in der Adoleszenz erbracht werden muss und zu einer gefestigten Ich-Identität führt (vgl. ebd.). Wichtig ist allerding auch herauszustellen, dass nach Erikson die Identitätsbildung immer krisenhaft verläuft und demnach keinen selbstverständlichen und automatischen Prozess darstellt. Eine Identitätsbildung kann demnach auch scheitern. Dieser Aspekt ist im Rahmen der interkulturellen Identität von MigrantInnen entscheidend, insbesondere dann, wenn es um Integration und ethnische Minderheiten geht (vgl. ebd.).

Zusammenfassend kann festgehalten werden, dass die Identitätsentwicklung (Ich-Identität) dann beginnt, wenn das Kind zwischen sich und anderen unterscheiden lernt und das Kind sich im Sozialisationsprozess vollzieht. Das Kind übernimmt die Identifikationen von primären Bezugspersonen, bzw. legt diese ab. Ist die kognitive und emotionale Entwicklung weiter fortgeschritten, so kommt es zu einer Ausdifferenzierung der persönlichen Identität. Das führt dazu, dass das

Kind bewusster darüber entscheiden kann, was es übernehmen kann oder worin es sich unterscheiden möchte (vgl. Schwantes 2009, S. 18). Dabei entsteht Identität in aufeinander aufgebaute Stufen und der Identitätsprozess ist am stärksten in der Adoleszenz ausgebildet (siehe hierzu auch Kapitel 2.2). Identität ist somit bei jedem Menschen nicht von vornherein gegeben, sondern bildet sich erst im Laufe der Zeit – im Verlauf der Sozialisation und Interaktion mit anderen und durch das Lernen von sozialen Rollen – heraus (vgl. Schwantes 2009, S. 18). Hierbei besteht im Rahmen der Identitätsbildung eine zirkuläre Relation zwischen Außen- und Innenperspektive. Diese Identitätsbildung kann durch folgende Schritte verdeutlicht werden (vgl. ebd., 19 f.):

- Appropriation: Dieser erste Schritt deutet auf das Verhältnis von Außen nach Innen hin. Dabei fängt der Aufbau der Identität dann an, wenn sich das Individuum zuerst die Außenperspektive als seine Innenperspektive aneignet.

- Transformation: Dieser Schritt wird auch als 'Umwandlung' bezeichnet. Die bereits angeeigneten Außeninformationen werden jetzt durch Selektion, Attribution, Vergessen, Verdrängen, Erinnern, Vergleichen und Assimilieren innerhalb der Innenperspektive aktiv verarbeitet. Hierbei ist die in der Innenperspektive des Subjekts übernommene Außenperspektive nicht mehr die Außenperspektive selbst und muss keineswegs mit den objektiven Informationen von außen übereinstimmen.

- Publikation: An dieser Stelle muss das Individuum den anderen seine persönliche Identität klar und verständlich darstellen. Dabei ist es wichtig, dass das Individuum zwar seine soziale Rolle individuell und bedürfnisorientiert ausrichtet, jedoch nicht vollkommen aus der 'Art' fällt. Ansonsten besteht die Gefahr, dass die Gesellschaft hierzu keine kategoriale Zuordnung findet und das Individuum dann für 'verrückt' oder 'asozial' erklärt wird.

3.5 Existenzanalyse und Logotherapie

3.5.1 Zur Person Viktor E. Frankl

Der Wiener Neurologe und Psychiater Viktor E. Frankl (1905-1997) hegte bereits ein frühes Interesse für die Psychoanalyse und dies führte zu einem direkten Kontakt zu Sigmund Freud. Seine Ausbildung allerdings durchlief Frankl jedoch in der Individualpsychologie Alfred Adlers. Hier fand er auch Oswald Schwarz und Rudolf Allers seine tatsächlichen Lehrer. Der Einfluss dieser Personen bewirkte, dass Frankl sein Leben lang ein zentrales Anliegen hatte: Den Psychologismus in der Psychotherapie zu bekämpfen (vgl. Längle 1999, S. 139). Frankls Hauptinteresse galt der Geistigkeit des Menschen, welche sich insbesondere in der Suche nach dem Sinn herauskristallisierte. Diese Geistigkeit sollte nicht einem psychomechanischen Reduktionismus zum Opfer fallen. Aufgrund dieser Ansicht, entwickelte sich zunehmend ein Konflikt zwischen Frankl und Adler, mit der Folge, dass er im Jahr 1927 aus dem Verband ausgeschlossen wurde (vgl. ebd.). Das führte dazu, dass sich Frankl vermehrt mit der Existenzphilosophie und Phänomenologie Max Schelers auseinandersetzte. Bevor er Anfang der 1940er Jahre ins KZ deportiert wurde, verfasste er sein bedeutendstes Werk zur Existenzanalyse und Logotherapie, welches jedoch dort verloren ging (vgl. ebd.).

Innerhalb der zweieinhalb Jahre, in denen Frankl im KZ verbrachte, verlor er fast seine ganze Familie. Er überlebte dieses Schicksal aufgrund dreier Lebensinhalte: Zum einen war es die geistige Beziehung zu seiner Familie, die er immer mit der Hoffnung auf ein Wiedersehen verbunden hatte. Zum anderen hatte er einen unbändigen Willen, das verlorengegangene Werk der Logotherapie noch ein weiteres Mal zu verfassen, um es der Nachwelt zu hinterlassen. Als letzter Punkt kann genannt werden, dass Frankl eine tiefe Religiosität besaß (vgl. ebd.). Insbesondere nach dem Krieg beschäftigte sich Frankl mit den seelischen Vorgängen, die im Menschen unter den Bedingungen der Gefangenschaft ablaufen. Er verdeutlichte, „wie der Sinn als geistige Orientierung und als Lebensinhalt dem Menschen die Kraft zum Überleben selbst unter schwierigsten Lebensbedingungen geben kann" (ebd.). Weiterhin formulierte Frankl:

> „In den Konzentrationslagern hatte ich Gelegenheit, die Logotherapie auf die Feuerprobe zu stellen. Tatsächlich war die Lektion von Auschwitz, dass der Mensch ein sinnorientiertes Wesen ist. Wenn es überhaupt etwas gibt, das ihn auch noch in einer Grenzsituation aufrecht zu erhalten vermag, dann ist es das Wissen darum, dass das Leben einen Sinn hat, und sei es auch nur, dass sich dieser Sinn erst in der Zukunft erfüllen lässt. Die Botschaft von Auschwitz lautete: Der Mensch kann nur überleben, wenn er auf etwas hinlebt. Und wie mir scheint, gilt dies nicht nur vom Überleben des einzelnen Menschen, sondern auch vom Überleben der Menschheit." (Frankl 1984, S. 24)

Ursprünglich war es von Frankl vorgesehen, dass die Logotherapie eine Ergänzung zur Psychotherapie der 1930er Jahre darstellen sollte und sie nicht als eigenständige Methode angesehen wird. Aus diesem Grunde legte er seine Aufmerksamkeit auf die Entwicklung einer psychotherapeutischen Anthropologie und befasste sich in erster Linie mit dem Leiden der Menschen und dem Sinnverlust. Bereits in den 1920er Jahren entwickelte er die Methode der paradoxen Intention, die der Behandlung der Angst dient und heutzutage eine weltweit anerkannte Technik darstellt (vgl. Längle 1999, S. 139 f.). Zudem übernahm Frankl Vortragstätigkeiten und wurde an über 200 Universitäten auf der ganzen Welt als Gastredner eingeladen und mit 28 Ehrendoktoraten ausgezeichnet (vgl. ebd., S. 140). Frankl hinterließ eine Vielzahl an interdisziplinären Werken, sodass seine 32 Bücher in 31 Sprachen übersetzt wurden (vgl. Frankl 2017, S 350).

3.5.2 Theoretische Grundannahmen

In den vergangenen 25 Jahren hat die Existenzanalyse eine deutliche Veränderung erfahren. Dabei wurden neue methodische Zugänge und eine differenzierte Motivationslehre konzipiert (vgl. Längle 2007, S. 7). Doch was kann überhaupt unter einer Existenzanalyse und Logotherapie verstanden werden?

Yalom (2010) verweist darauf, dass im Speziellen die existenzielle Psychoanalyse eine Form der dynamischen Psychotherapie darstellt. Denn: „Die Psychodynamik eines Individuums beinhaltet deshalb die verschiedenen unbewussten und bewussten Kräfte, Motive und Befürchtungen, die in ihr oder in ihm wirksam sind" (Yalom 2010, o.S.). Daher können aus diesem Modell psychische Funktionsweisen begründet werden. Dabei stellt sich Yalom (2010) im Rahmen der existenziellen Psychotherapie die Frage, welche Kräfte, Befürchtungen und Motive in einem Konflikt miteinander stehen und welche Inhalte in diesem unbewussten und bewussten Kampf beinhaltet sind. Vor diesem Hintergrund kann die existenzielle Therapie von anderen dynamischen Therapieformen unterschieden werden, da hierbei auf eine radikal abweichende Sichtweise bestimmter Kräfte, Motive und Befürchtungen des Menschen eingegangen wird (vgl. ebd.). In diesem Zusammenhang kann zudem hervorgehoben werden, dass die Eigenarten der tiefsten inneren Konflikte keinesfalls einfach zu identifizieren sind. Yalom (2010) kritisiert, dass ein Kliniker, welcher mit einem Patienten arbeitet, wohl nicht dazu fähig ist, den wesentlichen Konflikt in seiner ursprünglichen Form zu untersuchen. Denn die wesentlichen und ursprünglichen Besorgnisse sind tief verborgen, wie es der Autor ausdrückt, „überkrustet mit vielen Schichten von Repression, Verleugnung, Verschiebung und Symbolisierung" (ebd.).

Dieses Themenfeld ist daher insbesondere für psychoanalytisches Arbeiten geeignet, da viele Zugänge zu einem ursprünglichen Konflikt gewählt werden müssen, wie beispielsweise tiefes Nachdenken, Träume und Alpträume (vgl. ebd.). Weiterhin geht es bei der Existenzanalyse nicht darum, dass der Therapeut Antworten liefert, sondern der betroffenen Persona hilft, sich mit Fragen auseinanderzusetzen (vgl. Schneider & Krug 2012, S. 10). Dabei wird man sich primär auf den Prozess konzentrieren, welcher sich im jeweils lebendigen Augenblick entfaltet. Dabei gehen die Autoren Schneider und Krug (2012) davon aus, „dass wir nicht nur unseren Klienten vor uns haben, sondern auch sein Leben: sein Wunsch zu leben und seine Bewusstheit des Todes, seine Sehnsucht nach Verbundenheit und seine Furcht vor Ablehnung oder Zurückweisung, seinen Wunsch nach Veränderung und seine Furcht vor dem Unbekannten" (Schneider, Krug 2012). Darüber hinaus stellt May (1990) folgendes zur Kritik: „Im Gegensatz zu Richtungen in der Psychologie, die in Theorien über Konditionierung, Verhaltensmechanismen, oder instinktive Antriebe münden, behaupte ich, dass wir tiefer als diese Theorien gehen müssen und die Person, das menschliche Wesen entdecken müssen, mit dem diese Dinge geschehen" (May, 1990 S. 8).

Die Existenzanalyse sowie die Logotherapie[2] wurden in den 1920er und 1930er Jahren von Frankl begründet. Die Existenzanalyse wird als sogenannte 'dritte Wiener Schule der Psychotherapie' (Längle 1999, S. 139) bezeichnet. Die Grundlage der Existenzanalyse stellt ein praktischer Zugang zur Existenz im Vordergrund. Nach Frankls Existenzverständnis kann die Existenz als ein 'Leben mit innerer Zustimmung' verstanden werden, bei welcher in erster Linie die Emotionalität und weniger die Rationalität berücksichtigt wird (Längle 2016, S. 15). Eine wesentliche Zielsetzung der Existenzanalyse besteht darin, „die Offenheit des Menschen für sich selbst und eines offenen, dialogischen Austausches mit seiner Welt zu bewirken - sie entweder wiederherzustellen oder zu verankern" (Längle 2003, S. 27). Dabei geht es in der Existenzanalyse und in der Logotherapie um die Hinführung des Menschen zum Bewusstsein und Verantwortlichsein (vgl. ebd.).

Alfred Längle hat die Logotherapie von Frankl weiterentwickelt und die Methode der Existenzanalyse begründet. Er beschreibt „je mehr der Mensch Stellung zu den Gegebenheiten bezieht, desto mehr ist er selbst, desto voller und erfüllter wird sein Dasein." (vgl. Längle, 2016, S. 93-94). Das Ziel der Existenzanalyse und der Logotherapie liegt darin, dass „der Mensch in die Lage versetzt wird, in der

---

[2] Die Logotherapie stellt ein Teilgebiet der Existenzanalyse dar.

Zeit und in der Endlichkeit etwas zu vollenden, das heißt, die Endlichkeit auf sich zu nehmen und ein Ende bewusst in Kauf zu nehmen" (Scheerer 2014, S. 34).

3.5.2.1 Selbstreflexion

Somit stellt der Kern von existenzanalytischen Gesprächen die Entwicklung und Verbesserung des Mit-sich-sprechen-Könnens in den Vordergrund (vgl. Scheerer 2014, S. 34).

Aufgrund dieses inneren Gespräches wird es dem Menschen erst ermöglicht, mit anderen Menschen einen dialogischen Austausch zu praktizieren. Denn wenn sich Menschen nicht auf die 'Andersheit' beziehen können, kann der Mensch nie vollständig er selbst werden. Er findet somit weder sich selbst oder seine Erfüllung (vgl. ebd.). Hierfür muss der Mensch seine Bestimmtheit und Abhängigkeit bejahen, ohne dabei die Bedingungen, denen er unterworfen ist, zu beschönigen. Diese Bedingungen sind jedoch nicht rein biologisch, sondern auch soziologische und psychologische Bedingungen (vgl. ebd.).

Eine weitere Aufgabe der Existenzanalyse und Logotherapie besteht darin, dass diese dem Menschen zeigen muss, dass er zu all diesen Bedingungen eine freie Stellungnahme einnehmen kann (vgl. ebd., S. 35). Denn: „Freiheit ohne Schicksal ist unmöglich; Freiheit kann nur Freiheit gegenüber einem Schicksal sein, ein freies Sich-verhalten zum Schicksal" (ebd.). Bei Frankl (2010) äußert sich Freiheit folgendermaßen: „Alle Freiheit hat ein Wovon und ein Wozu: das, 'wovon' der Mensch frei sein kann, ist das Getriebensein – sein Ich hat Freiheit gegenüber seinem Es, das aber, 'wozu' der Mensch frei ist, ist das Verantwortlichsein. Die Freiheit des menschlichen Willens ist also Freisein 'vom Getriebensein' 'zum Verantwortlichsein' (Frankl 2010, 39). Nachfolgend wird auf die zentralen theoretischen Aspekte der Existenzanalyse und Logotherapie eingegangen.

3.5.2.2 Das Menschenbild

Das Menschenbild hat in der Logotherapie und Existenzanalyse einen wesentlichen Stellenwert. Hierzu hat Frankl in der Zeit vor dem Krieg und nach dem Krieg bis in die 1950er Jahre viel Zeit investiert. Es wird davon ausgegangen, dass Logotherapie und Existenzanalyse sich zwischen Psychotherapie und Philosophie angesiedelt haben. Beide Formen haben sich in erster Linie aus der Philosophie und der philosophischen Anthropologie entwickelt. Dabei geht ein wesentlicher Teil auf den Philosophen und Phänomenologen Max Scheler (1874-1928) zurück (vgl. Längle 2013, S. 184). Frankl bezog sich bei der Entwicklung der drei Wertkategorien wesentlich auf Scheler. Auch bei der 'Trotzmacht des Geistes' inspirierte sich Frankl bei Scheler, der den 'Nein-Sager' als Dimension des Menschen erkannte (vgl. Längle, 1998, S. 268). Für den theoretischen Hintergrund der Existenzanalyse sind die philosophische Anthropologie und die Wertelehre Schelers heute noch grundlegend (vgl. Längle & Tutsch, 2000, S. 17)

Frankl beschreibt in Anlehnung an die klassische Anthropologie drei unterschiedliche Aspekte, die sogenannten 'Seinsarten': den Leib (Soma), die Gefühle und Triebe (Psyche) sowie den Geist (Nous). Diese drei Aspekte des Menschseins stellt die Einheit des Menschen dar (vgl. ebd.). Diese unterschiedlichen Kräfte treffen zusammen und gehen dabei in unterschiedliche Richtungen, was sich folgendermaßen darstellen lässt:

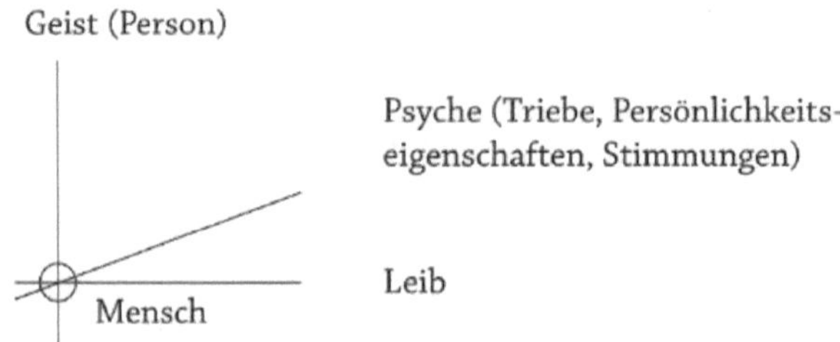

Abbildung 2: Drei unterschiedliche Seinsformen, die eine untrennbare Einheit im Menschen bilden (Längle 2013, S. 184).

Die Einheit des Menschen ist dadurch gekennzeichnet, dass er gleichzeitig leiblich, seelisch und geistig ist. Dabei stehen die drei Dimensionen des Menschen in einem besonderen Verhältnis zueinander. So setzt sich der Mensch zum einen aus diesen drei Dimensionen zusammen und zum anderen entwickeln diese drei Dimensionen eine eigene Dynamik, welche als Motivationskraft in Erscheinung tritt (vgl. ebd., S. 185). Dieses kann folgendermaßen dargestellt werden:

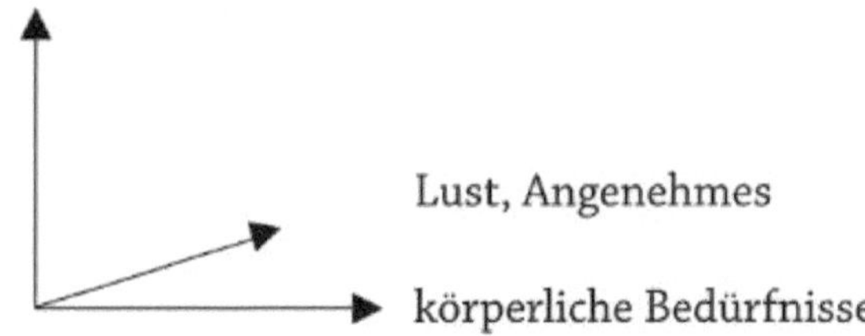

Abbildung 3: Dynamische Kräfte des Menschen und das mögliche Auseinanderstreben der Motivation, welches zu Spannungen und motivationalen Konflikten führen kann (Längle 2013, S. 185).

Wird der Mensch als körperliches Wesen begriffen, so geht es hierbei primär um die Erhaltung der Gesundheit durch Befriedigung der Bedürfnisse, wie beispielsweise essen, schlafen, trinken, Sexualität und Bewegung. Eine Betrachtung als psychisches Wesen verweist darauf, dass es hierbei um seine vitalen Kräfte geht und des Wohlbefindens in seinem eigenen Körper. Der Mensch strebt demnach nach angenehmen Gefühlen und dieser Erfolg wird als Lust erlebt, ein Scheitern hingegen als Unlust, Spannung und Frustration (vgl. ebd.). Um den Sinn und Wert im Leben – Halt, Glaube, personale Liebe, Werte, Gerechtigkeit, Freiheit und Verantwortung – geht es dem Menschen als geistiges Wesen (vgl. ebd.).

Zentraler Aspekt dieser Anthropologie ist, dass das innerste Ich des Menschen die wesentliche Aufgabe hat, sich des Leiblich-Seelischen zu bedienen und sich mit ihm auseinanderzusetzen. Der Mensch kann somit zu einer Distanz zu sich selber kommen (vgl. ebd.). Hierdurch wird ihm ein Umgang mit sich und ein Verhalten zu sich selber ermöglicht. Der Mensch kann somit zu sich selbst Stellung beziehen und über sich nachdenken. Infolgedessen kann er zu seinen Gefühlen, wie Ängsten und Depressionen, eine gewissen Distanz aufbauen, da der Geist aus dem Physischen und Psychischen befreit werden kann. Diese Selbstdistanzierung führt zu der Freiheit der Person und ermöglicht es dem Menschen, seinem Gewissen auch Folge leisten zu können (vgl. ebd., S. 185 f.).

Sowohl die Dimension des Körpers als auch der Psyche, bilden zusammen die psychosomatische Einheit des Menschen. Insbesondere die psychische Dimension ist eng mit der somatischen Einheit verknüpft und Gefühle, Affekte und Stimmungen, die in ihr auftreten, erzeugen eine körperliche Resonanz (vgl. Längle 2016, S. 86 ff.). Umgekehrt verhält es sich so, dass „die körperliche Verfassung im psychischen Befinden gespiegelt [ist] und körperliche Dysbalancen werden zu drängend erlebten psychischen Bedürfnissen." (ebd., S. 87).

In der nachfolgenden Abbildung wird das existenzielle Menschenbild mit den Polen dargestellt, zwischen denen das Menschsein eingespannt ist und deren Erfüllung die existenzielle Aufgabe des Menschen darstellt. Auf eine ausführliche Beschreibung wird an dieser Stelle verzichtet, da zum einen die Abbildung sehr aussagekräftig ist und zum anderen dies den Umfang dieser Arbeit deutlich überschreiten würde.

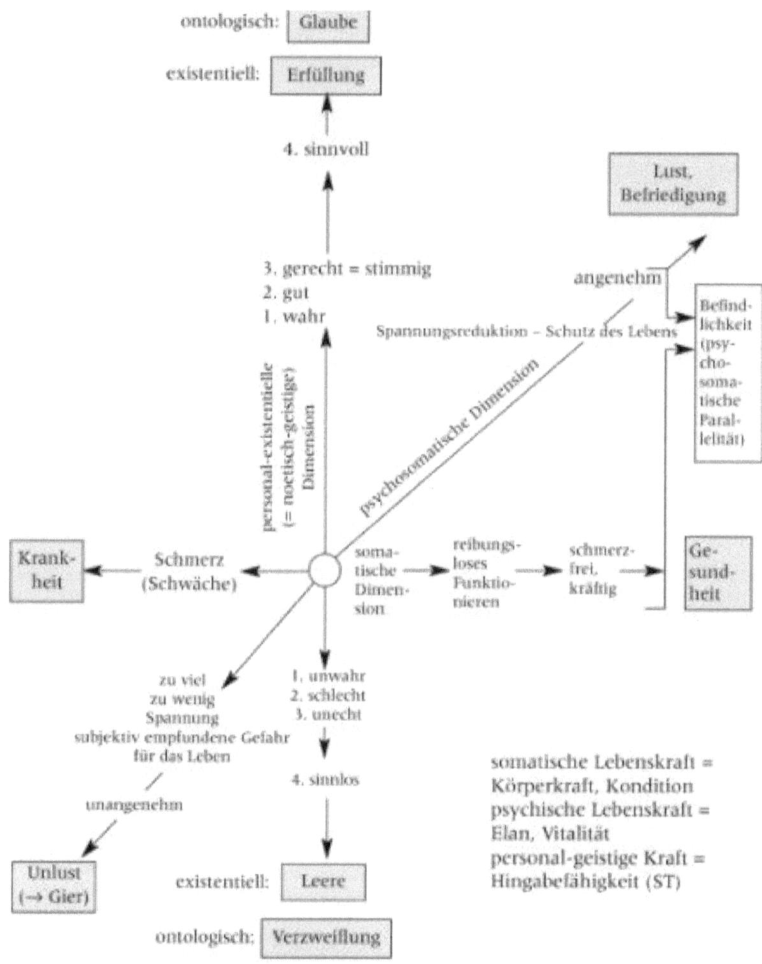

Abbildung 4: Existenzielles Menschenbild mit den Polen, zwischen denen das Menschsein eingespannt ist und deren Erfüllung die existenzielle Aufgabe des Menschen ist (Längle 2016, S. 86).

3.5.2.3 Mit innerer Zustimmung leben

Ein weiterer Gesichtspunkt, welcher in der Existenzanalyse und Logotherapie im Vordergrund steht, ist die innere Zustimmung und das 'Ja' zum Leben. Diese Zustimmung hat große praktische Folgen, wie beispielsweise, wenn ein Mensch mit einem Schicksal ringt. Dabei stellt sich zunächst einmal die Frage, wie es gelingen kann, mit einem Verlust oder einem Defizit zu leben und wie der Mensch unter solchen Bedingungen zu einer inneren Zustimmung, zu seinem Leben, gelangen kann (vgl. Längle & Bürgi 2016, S. 15). In diesem Zusammenhang wird der menschliche Geist und die Tiefe der Persona als sogenannter 'Ja-Sager' angesehen. Ein gefühltes inneres 'Ja' ist demnach unerlässlich, um das Leben zu seinem zu machen (vgl. ebd., S. 15 f.).

Eine weitere Frage, die an diesem Punkt gestellt werden muss, ist die, wie sehr wir uns der Wichtigkeit einer solchen inneren Zustimmung eigentlich bewusst sind. So ist es nach Längle (2012) möglich, dass Menschen, die nicht gelernt haben, auf die innere 'Stimme' zu achten, nicht die erforderliche Mühe an den Tag legen, diese Zustimmung zu erreichen. Dabei kann herausgestellt werden, dass es nicht immer leicht ist, die volle Zustimmung von sich selbst zu haben (vgl. Längle 2012, o.S.). Hierdurch ist erkenntlich, dass das Konstrukt der inneren Zustimmung ein sehr vielschichtiges und kompliziertes Thema sein kann. So ist zudem die innere Zustimmung eng mit der Frage nach dem Sinn verknüpft. Denn ein Sinn braucht eine innere Entschiedenheit. Konkret bedeutet dies, sich ganz persönlich mit unterschiedlichen Fragen auseinanderzusetzen, wie etwa ob jemand so leben mag, wie er lebt oder ob jemand so weitermachen möchte und damit auch einverstanden ist (vgl. ebd.).

Die Suche nach einer Antwort stellt den Menschen doch oftmals vor eine Grundsatzentscheidung, denn Antworten sind frei und nicht als Reaktionen zu verstehen (vgl. Längle 2016, S. 67). Dabei ist kritisch zu betrachten, dass eine Vielzahl an Referenzpunkten für Antworten existieren. So können beispielsweise Antworten auf sich bezogen werden oder die Antwort kann sich an die Notwendigkeit orientieren. In diesem Zusammenhang unterliegt die Wahl des Referenzpunktes dem Gestaltungswillen des Menschen. Infolgedessen kann die Begründung für die Wahl als Axiom angesehen werden, die der Mensch so setzt, wie er leben möchte. Dies wird zudem meist von den erlebten Fähigkeiten und Konsequenzen beeinflusst (vgl. ebd.). Wichtig ist daher, dass eine solche Antwort aus der inneren Zustimmung und aus dem äußeren Dialog erwächst und sowohl auf den Menschen, als auch auf die Situation zugeschnitten ist. Somit sollte der Ausdruck der Person frei sein und unbedingt seinem Eigenen entsprechen (vgl. ebd.).

Entscheidend ist zudem darzulegen, dass eine Zustimmung nicht kognitiv erfolgt, also logisch ist oder aus Gründen der Vernunft abgeleitet wird. Die innere Zustimmung enthält auch eine emotionale Komponente, die auf ein primär empfundenes und gefühltes 'Ja' verweist. Eine solche empfundene Zustimmung bestärkt die eigene Haltung (vgl. ebd., S. 71). Die Grundlage eines erfüllenden Existenzvollzuges kann folgendermaßen dargestellt werden:

Abbildung 5: Grundlage eines erfüllenden Existenzvollzuges (Längle 2016, S. 71).

„Durch die Zustimmung im Umgang mit dem eigenen Sein wird der Blick offen für die Fülle des Seins. Wer auf den Wert in sich selbst gestoßen ist und ihn akzeptieren kann, findet ihn auch im anderen. Mit ihm ist er verwandt, weil auch der andere (das andere) im selben Seinsgrund steht." (Längle, 2016 S.74)

Dabei ist der innere Akt der Zustimmung so essentiell, dass man ihn als existenzbegründend ansehen kann. Hieraus folgt auch die Definition der existenzanalytischen Arbeit: „Existenzanalyse ist eine Methode, die zum Ziel hat, den Menschen zu helfen, mit innerer Zustimmung zum eigenen Handeln und Dasein zu leben" (Längle, 2016 S. 71). Längle argumentiert weiter „Die Person ist das Zentrum der Existenz. Sie ist ein Potenzial von Kraft, eine Dynamik, eine Wahrnehmung, die in uns immer wieder in Schwingungen versetzt, die jedoch selbst keine Substanz aufweist, also 'nichts zum Angreifen' ist. Die Person lässt sich vergleichen mit der Flamme einer Kerze. Sie ist sichtbar, aber nicht greifbar. Man kann durch sie hindurchgreifen, ohne dass sie Wiederstand bietet. Halten wir die Hand in die Flamme, spüren wir die Kraft und Ihre Kraft und Ihre Wirkung. Gleiches lässt sich über die Person sagen: Das geistige hat keine Substanz, doch es ist spürbar und beginnt zu leuchten, wenn der Mensch kraft seiner Person wirkt." (Längle, Bürgi 2014).

3.5.2.4 Der Mensch als Sinnsucher

Es scheint so, als ob der Mensch Sinn braucht. Menschen haben dann viele Sorgen, wenn sie ohne Sinn, ohne Ziele und ohne Werte sowie Ideale leben. Eine schwere Form einer solchen Sinnlosigkeit kann sogar dazu führen, dass Menschen sich das Leben nehmen (vgl. Yalom 2010, o.S.). In diesem Zusammenhang stellt sich Frankl die Frage, dass es für diejenigen Menschen im Konzentrationslager, die kein Gefühl für den Sinn mehr hatten, eher unwahrscheinlich war, zu überleben. Es kann davon ausgegangen werden, dass Menschen, die dem Tode sehr nahe sind, deutlich besser ihren Elan leben können, wenn sie von der Zielsetzung erfüllt sind (vgl. ebd.). Denn: „Wir brauchen offensichtlich Absolutes – feste Ideale, denen wir nachstreben und Leitlinien, mit Hilfe derer wir unser Leben steuern können" (ebd.).

Der Begriff des 'Sinnes' zählt zu den zentralen Bezeichnungen in der Logotherapie und Existenzanalyse. Für die Logotherapie spielt der Sinn des Lebens und Daseins eine übergeordnete Rolle. Dabei differenziert Frankl zwischen dem Sinn des Lebens und dem Sinn meines Lebens. Die Frage nach dem Sinn an sich bleibt allerdings für den Menschen sein ganzes Leben lang unbeantwortet. Denn aufgrund seines endlichen, bzw. begrenzten Verstandes, ist der Mensch nicht dazu fähig, das Sinnganze zu erfassen (vgl. Görgen 2013, S. 183). Menschen sind dazu nicht in der Lage, ihr Leben bis ins letzte Detail zu planen. Unvorhergesehene Ereignisse sind dafür verantwortlich, dass Pläne durchkreuzt werden. In diesem Zusammenhang spricht Frankl von dem sogenannten Aufgabencharakter des Lebens, welches in zweifacher Hinsicht Anwendung findet: Zum einen kann nur ich auf die Situation durch mein Handeln antworten und zum anderen muss der Mensch auf Situationen im Leben antworten, indem er sein Dasein verantwortet (vgl. ebd.). Hervorzuheben ist hierbei, dass niemals eine allgemeingültige Antwort auf eine Lebenssituation existiert, sondern aufgrund der Einzigartigkeit des Menschen und der Besonderheit der Situation, eine individuelle Antwort von ihm erfordert wird. Dieser Aufgabencharakter bleibt das gesamte Leben fortbestehen und weder in Krankheit noch im Alter kann er sich davon freisprechen (vgl. ebd.).

Der zentrale Punkt der existenzanalytischen Annahmen stellt nach Scheerer (2014) das Schicksal dar, welches durch Not, Tot, Leiden und Sterben und dessen Sinn sich ergibt. „Die Frage nach dem Sinn des menschlichen Lebens kann allerdings nur dann verstanden werden, wenn das Individuum die Frage nicht an das Leben stellt, sondern sich selbst als einen vom Leben Befragten ansieht. Denn: Nicht das Leben schuldet dem Menschen eine Antwort auf die Frage, was er wohl vom Leben noch zu erwarten habe, sondern der Mensch hat sein Leben zu verantworten." (Scheerer 2014, S. 30). Diese Antwort, die der Mensch dem Leben schuldet, besteht nicht aus Worten, sondern aus Taten und nur er kann diese geben. Aufgrund dieser Unvertretbarkeit des Menschen wird in der Existenzanalyse davon ausgegangen, dass hierdurch die Endlichkeit begründet wird. Aufgrund dessen geht Frankl davon aus, dass der Tod als ein Wesensmerkmal des menschlichen Lebens gilt, da er zum Leben dazugehört. Dadurch, dass der Tod unumkehrbar und unwiederholbar ist, wird hierdurch erst der Sinn des menschlichen Daseins begründet (vgl. ebd.). Denn wären die Menschen unsterblich, so würde das bedeuten, dass alles gleichgültig wäre, denn es würde auf keinen einzigen Moment in unserem Leben ankommen. Somit könnte alles demzufolge zu einem späteren Zeitpunkt erledigt werden (vgl. ebd.).

In diesem Zusammengang vergleicht Frankl den Menschen mit einem Bildhauer, der einen ungeformten Stein in dem Maße bearbeitet, sodass der Stein zunehmend an Form gewinnt. Der Mensch versucht demzufolge hierdurch sein Schicksal zu verarbeiten und schafft ein Kunstwerk seines Lebens. Allerdings weiß der Mensch nicht, wieviel Zeit ihm für das Werk bleibt und somit ist er dazu gezwungen, die (ungewisse) zur Verfügung stehende Zeit zu nutzen, auch wenn die Gefahr besteht, dass das Kunstwerk nicht fertigwerden wird. Dabei ist es nicht wichtig, ob eine Vollendung stattfinden konnte und es tut dem Sinn des Lebens keinen Abbruch (vgl. ebd., S, 30 f.).

Zudem geht Frankl im Rahmen der Sinnsuche nicht wie Freud davon aus, dass Menschen, die nach dem Sinn des Lebens fragen, krank seien. Für Frankl und seiner Existenzanalyse und Logotherapie gehört die Frage nach dem Sinn zum menschlichen Leben dazu. Denn nach Frankl ist derjenige Mensch, der nicht nach dem Lebenssinn fragt bzw. keinen Sinn für sich entdecken kann, in seiner Lebensführung bedroht. Somit sucht nach Frankls Auffassung der Mensch den Sinn nicht, weil er dazu getrieben wird, sondern weil er vom Sinn sozusagen 'gezogen' wird (vgl. Görgen 2013, S. 183 f.). Somit ist festzuhalten, dass für Frankl Menschen sich in einer sinnvollen Welt befinden. Dabei lässt nicht die Erfahrung der Sinnlosigkeit die Menschen nach dem Sinn suchen, sondern der Mensch erlebt umgekehrt die Sinnlosigkeit, da er ein Sinnverständnis in sich trägt. Zudem ist der Mensch von Beginn seiner Existenz auf den Sinn ausgerichtet, so dass an dieser Stelle auch von einem 'Vorwissen um den Sinn' gesprochen werden kann. Nach Frankl stellt die Frage nach dem Sinn die bedeutsamste aller menschlichen Fragen dar (vgl. ebd.).

Aus philosophischer Sicht kann allerdings angeführt werden, dass alles was lebt und existiert, nicht aus irgendeinem Grund geboren wird und durch Zufall stirbt. Aus diesem Grunde macht es zum einen keinen Sinn, dass wir geboren werden und keinen Sinn, dass wir sterben (vgl. Yalom 2010, o.S.). Menschen entdecken häufig etwas, wofür und wodurch sie leben können. An dieser Stelle wird auch oftmals von der Selbstverwirklichung gesprochen. Diese Quelle des persönlichen

Sinns stellt der Glaube dar, dass menschliche Wesen danach streben sollten, sich selbst zu verwirklichen (vgl. ebd.). Die Begrifflichkeit der Selbstverwirklichung ist allerdings nichts Neues und wurde bereits schon von Aristoteles im vierten Jahrhundert v. Chr. verwendet. Hierbei wurde von einer Lehre der inneren Bestimmung [ausgegangen], die behauptet, dass das eigentliche Ziel jedes Objektes und jedes Wesens darin besteht, zur Erfüllung zu gelangen und sein eigenes Wesen zu verwirklichen (ebd.). In der heutigen säkulären Welt hingegen, wird die Selbstverwirklichung in einen individualistischen und humanistischen Bezugsrahmen gesetzt (vgl. ebd.).

In diesem Abschnitt konnten die wesentlichen theoretischen Grundannahmen der Existenzanalyse und Logotherapie erläutert werden. Dabei fällt auf, dass diese durchaus sehr facettenreich und nicht separat zu betrachten sind, sondern ineinander übergreifen – sie sind somit eng miteinander verwoben. Doch welche Methoden und Anwendungsgebiete kommen in diesem Zusammenhang zum Einsatz? Auf diese Frage wird im anschließenden Kapitel eingegangen.

3.5.3 Methoden und Anwendungsgebiete

In diesem Abschnitt geht es darum, einige Methoden und Anwendungsgebiete der Existenzanalyse und Logotherapie zu erläutern. In diesem Zusammenhang wird sowohl auf die Dereflexion und paradoxe Intention, als auch auf die Einstellungsmodulation eingegangen. Danach werden Alfred Längles theoretische existenzielle vier Grundmotivationen veranschaulicht.

3.5.3.1 Dereflexion

Für Menschen, die sich in einer Therapie befinden, ist es erforderlich, dass sie den Blick mit Hilfe des Psychotherapeuten von sich selbst abwenden. Hierzu wird von Frankl eine bestimmte Technik, die Dereflexion, beschrieben. Das Kernelement dieser Technik besteht darin, dass der Blick des Betroffenen aus sich selbst heraus initiiert wird und somit auch von ihrer Niedergeschlagenheit hin zu den intakten Teilen ihrer Persönlichkeit gelangt. Hieraus folgt, dass den Menschen die Möglichkeit der Sinngebung eröffnet wird, welche ihm zur Verfügung steht (vgl. Yalom 2010, S. 546).

Die Vorgehensweise ist hierbei sehr einfach gestrickt und besteht lediglich darin, dass der Patient daran gehindert wird, sich nur auf sich selbst zu konzentrieren und der Fokus daraufgelegt wird, den Sinn außerhalb seiner Welt zu suchen (vgl. ebd.). Das Prinzip der Dereflexion soll Betroffenen dabei helfen, das zu vergessen, was besser für jemanden ist. Zudem hilft es dabei, sich nicht vollkommen von den bestehenden Problemen vereinnahmen zu lassen und den Menschen dann zu dem wahren Sinn zu lenken. Denn: „Dereflexion ermutigt uns, einer bekannten Situation unerkannte Aspekte abzugewinnen und alte Sicht- und Handlungsweisen zu verabschieden." (Pattakos 2011, S. 169). Innere Beschränkungen können überwunden und neue Beziehungen eingegangen werden, da Patienten lernen zu vermeiden, was besser vermieden werden soll (vgl. ebd.).

3.5.3.2 Paradoxe Intention

Die Paradoxe Intention ist die bekannteste Psychotherapeutische Technik der Existenzanalyse und Logotherapie (Längle 2016, zit. n Frankl 1956, 1982 a, b, 1994 S. 197). „Im Rahmen dieser Methode werden Personen dazu angeleitet, sich paradoxerweise das, wovor sie sich fürchten, zu wünschen oder vorzunehmen. Dabei soll die Angstkonfrontation möglichst übertrieben, übersteigert und humorvoll ausgerichtet sein, damit es zu einer maximalen Entfaltung der Selbstdistanzierung und Unterbrechung des (neurotischen) Vermeidungsverhaltens kommt." (Stumm & Pritz 2009, S. 494). Hierdurch erfährt der Betroffene sich wieder als jemand, der den Selbstanforderungen standhalten und dem bedrohlich Erlebten etwas entgegensetzen kann. Infolgedessen wird der Angst nicht unverrichteter Dinge nachgegeben (vgl. ebd.). Die hieraus gesammelten Erfahrungen führen dazu, dass das Grundvertrauen des Menschen gestärkt wird. Somit stellt die paradoxe Intention nicht nur eine symptomorientierte Methode, sondern auch eine strukturbildende Vorgehensweise dar (vgl. ebd.). Folgende Voraussetzungen sollten allerdings gegeben sein (vgl. ebd.):

- eine exakte Differenzialdiagnose gegenüber den Angst- und Zwangsphänomenen psychotischer Menschen,

- eine vertrauensvolle Basis zwischen Psychotherapeut und Patient,

- eine verständliche Information über Entstehung und Aufrechterhaltung der unangemessenen Angst,

- ontologische Vorarbeit (Grundvertrauen)

Wichtig erscheint, dass die Hauptaufgabe darin besteht, den Betroffenen durch Aufklärung den Zugang zur paradoxen Intention zu erleichtern und die Widerstände dagegen, zu überwinden helfen. Denn kann der Patient dazu bewegt werden, die paradoxe Intention anzuwenden, dann kann sie ihre Wirkung auch ohne Glaube und Überzeugung entfalten (vgl. Raskob 2005, S. 274). Erleichternd und Effektivitätssteigernd wirkt auch die Fähigkeit zum Humor auf Seiten des Betroffenen und der PsychotherapeutInnen sowie seine Bereitschaft, die paradoxe Handlung vorzuspielen (vgl. Stumm & Pritz 2009, S. 494).

3.5.3.3 Einstellungsmodulation

In Ähnlicher Weise wie bei der Dereflexion, handelt es sich bei der Einstellungsmodulation um ein strategisches Verfahren. Hierbei zielt die Einstellungsmodulation darauf ab, pathogene Einstellungen zu modifizieren, was insbesondere dann notwendig ist, wenn problematische Tatsachen, auf welche die Einstellungen zielen, nicht veränderbar sind (vgl. Gebler 2009, S. 158). Primär geht es im Rahmen der Einstellungsmodulation darum, dem betroffenen Menschen dabei zu helfen, eine hilfreichere Einstellung zu einem schicksalhaften Leiden zu finden (vgl. ebd.).

Die Methode der Einstellungsmodulation ist insbesondere vor dem Hintergrund wichtig, da ein Großteil aller menschlichen Tragödien durch eine unzureichend realistische Einstellung verursacht wird, die, anstatt Probleme zu lösen, Probleme verursachen und diese noch verschärfen. Zudem trüben sie die Wahrnehmungsmöglichkeiten vom Sinn in der gegebenen Lebenssituation (vgl. Scheerer 2014, o.S.). Diese 'ungesunden' Einstellungen führen in erster Linie dazu, dass Menschen nicht tun, denken und fühlen, was für sie das Beste wäre, sondern sich selber damit schädigen. Eine existenzanalytische und logotherapeutische Einstellungsmodulation ist daher insbesondere dann erforderlich, wenn es sich bei dem Betroffenen um unglückliche, ungesunde und unzufriedene geistige Einstellungen handelt (vgl. ebd.).

Entscheidend ist in diesem Zusammenhang, dass von Seiten des Psychotherapeuten eine äußerste Zurückhaltung angesagt ist. Dabei darf der Psychotherapeut nicht als Richter fungieren, der über die Fehlerhaftigkeit von Lebensentscheidungen bestimmt. Er sollte jedoch dann hellhörig werden, wenn im Verlauf des Gespräches existentielle Dissonanzen auftauchen, um darauf einzugehen (vgl. ebd.). Weiterhin ist diese Vorgehensweise dann als kritisch einzustufen, wenn der Psychotherapeut dazu verleitet wird, seine eigene Einstellung dem Betroffenen eindringlich näher zu bringen. Das bedeutet für die PsychotherapeutInnen oftmals eine Gratwanderung (vgl. Gebler 2009, S. 158). So argumentiert er weiter:

> „Idealerweise wird dabei die alternative Einstellung mit dem Klienten oder Patienten zusammen erarbeitet; gerade das ist jedoch bei dysfunktionalen Einstellungen oft nicht möglich, da entweder beim Betroffenen die notwendige Distanz zum Sachverhalt fehlt oder aber die problematische Einstellung derart verkrustet ist, dass ein ge-

leitetes Entdecken weg von dieser Einstellung nicht erreichbar ist." (Gebler 2009, S.158)

Berücksichtigt werden muss hingegen, dass betroffene Menschen häufig Schwierigkeiten haben, sich von vertrauten aber wenig hilfreichen Einstellungen zu distanzieren. In diesem Zusammenhang stellt sich die Frage, in welchem Ausmaß die Patienten die Freiheit und Selbstverantwortung beanspruchen möchten. Wird dieser Anspruch ernst genommen, so sollte der Psychotherapeut lediglich in eine Diskussion mit dem Patienten einsteigen, bei welcher er die Einstellungen des Patienten hinterfragt und alternative Perspektiven aufgezeigt werden (vgl. ebd.).

3.5.3.4 Analyse der Möglichkeiten dieser Therapieform

In diesen Abschnitt sollen die Möglichkeiten dieser Therapieform im Kontext von Identität und Migration beleuchtet werden. Erst mit der *inneren Zustimmung* kann eine Basis für eine existenzanalytische Gesprächsführung gelegt werden. Wichtig ist, dass in diesem Kontext erkannt wird, dass die innere Zustimmung einen Fluchtpunkt existenzanalytischer Gesprächsführung darstellt, auf dem die unterschiedlichen Dimensionen zusammenlaufen (vgl. Längle 2016, S. 72).

So geht es auch bei der Existenzanalyse zur Identitätsfindung bei MigrantInnen früher oder später immer um die Zustimmung. Dabei ist allerdings davon auszugehen, dass eine innere Zustimmung nicht von vornherein erwartet werden kann. Im Rahmen der existenzanalytischen Arbeit sollte es die PsychotherapeutInnen und Betroffenen bewusst sein, dass eine innere Zustimmung nicht bedeutet, dass alle Themen und Probleme gelöst wären (vgl. Längle 2016, S. 32). Es geht primär darum, dass betroffene MigrantInnen einen Weg finden, trotz widriger Umstände 'Ja' zum Leben zu sagen, bzw. das 'Ja' zum Leben erst einmal zu finden. Daher ist es in diesem Zusammenhang wichtig, den sogenannten 'Weltbezug' und den 'Selbstbezug' der Existenz zu berücksichtigen. Denn: „Eine wichtige Aufgabe besteht daher darin, den eigenen Ort im Leben zu finden, an dem man seine Fähigkeiten optimal entfalten kann" (ebd.). Dabei ist es bei der Identitätsfindung auch entscheidend, dass ein guter Selbstbezug besteht, welcher den Betroffenen zu einer erfüllenden Existenz verhelfen kann. An dieser Stelle kommt wieder das Finden der inneren Zustimmung zur Sprache, zu dem was man tut und zu dem wie man lebt (vgl. ebd.).

Herauszustellen ist daher, insbesondere das Konzept, dass die inneren Zustimmung dazu beitragen kann, dass MigrantInnen, die traumatische Erfahrungen gesammelt haben oder spezifischen Belastungen ausgesetzt sind, inneren Zuspruch finden. Betroffene Menschen müssen wieder hoffen können und wissen, durch welche Aspekte ihr Leben wieder lebenswert wird. In diesem Kontext kann eine Verbindung zu der Frage nach dem Sinn hergestellt werden, denn die Existenzanalyse beschäftigt sich insbesondere mit dieser Frage nach dem Sinn. Für die Arbeit mit MigrantInnen und dem Thema der Identität stellt dies einen wichtiger Faktor dar. Begründet werden kann dieser Aspekt damit, dass insbesondere belastete MigrantInnen sich die Frage nach dem Sinn des Lebens stellen. Die Frage nach dem Sinn des menschlichen Lebens kann allerdings nur dann verstanden werden, wenn das Individuum sie nicht an das Leben stellt, sondern sich selbst als einen vom Leben Befragten ansieht, wie bereits angesprochen. An dieser Stelle besteht das Erfordernis, diese Perspektiven dem Betroffenen zu verdeutlichen. Sollte solch ein Perspektivwechsel nicht möglich sein, so kann es zu weiteren schweren Belastungsstörungen kommen, da die Sinnbedürfnisse oftmals verdrängt werden und so zur Verzweiflung und Depression führen kann. Die Existenzanalyse bzw. die Logotherapie kann an dieser Stelle einen Beitrag leisten, indem sie den Migrantinnen dabei hilft, Hemmungen und Blockaden, die ihnen bei der Sinnsuche im Weg stehen, zum einen zu erkennen und zum anderen aufzuheben. Hierbei sollte es sich in erster Linie um die Wahrnehmung von Sinnmöglichkeiten handeln und nicht darum, dass dem Menschen ein Sinnangebot erstellt wird. Denn im Rahmen einer Identitätsfindung ist es erforderlich, dass betroffene Menschen ihre existenzielle Einstellung zu sich selber ändern und damit eine Neuorientierung möglich ist.

Weiterhin geht es darum, dass das Dasein und die eigenen Erfahrungen im Leben, dem Menschen eine eigene Identität geben. Die existenzanalytische Therapie verfolgt daher das Ziel, betroffene Personen bei der Ich-Identitätsfindung mit Hilfe der personalen Existenzanalyse zu unterstützen. So ist es notwendig, dass der betroffene Mensch sein Dasein als 'ichhaft' erlebt. Das bedeutet, dass jeder Mensch sich auf sich gestellt erlebt – als Subjekt und als Ich (vgl. Längle 2014, S. 77). Individuen können nicht anders leben als in dieser Subjektivität. Bereits schon im Kindesalter erfahren wir, dass uns niemand den Schmerz abnehmen kann und wir unser Selbstsein nicht abgeben können. So sind Individualität, Subjekthaftigkeit und Personsein eine unhintergehbare Konstante der menschlichen Existenz, welche vom Menschen in seiner Entscheidung berücksichtigt werden muss, um sich auf die Realität beziehen zu können (vgl. ebd.). Die Grundfragen zum Personsein und damit zur Identitätsfindung sollten daher folgendermaßen lauten: Wie ist das für mich, dass ich ich bin? Darf ich so sein wie ich bin? Kann ich dies vertreten? Kann ich mich so sehen lassen? Kann ich sie annehmen als meine Wirklichkeit, als meine Wahrheit, als meine Ausgangsbedingungen? (vgl. ebd.). Es gilt jedoch im Rahmen der Existenzanalyse bei MigrantInnen auch darum, erstmals die Voraussetzungen für das Selbstsein-Dürfen zu schaffen. Hierzu bedarf es dreierlei Voraussetzungen (vgl. ebd., S. 77 f.):

- Beachtung: Entscheidend ist hierbei, von anderen gesehen und angesehen zu werden, was durch Rücksichtnahme, Einhaltung der Grenzen sowie Feedback und Information über sich selbst erfolgen kann. Mit zunehmender Ich-Findung entsteht ein Selbstbild, welches in Abgrenzung von anderen Menschen erfolgt.

- Gerechtigkeit: Aufgrund der Ich-Bildung bildet sich der eigener Wert und der eigene Wille. Dadurch, dass der Mensch sich in seinem Gespür ernst nimmt, wird er sich selbst gerecht. Infolgedessen ist es auch jedem Menschen wichtig, auch von anderen Menschen Gerechtigkeit zu erfahren. Wird ein Mensch von anderen Menschen gerecht behandelt, so wird das eigene Empfinden von anderen Menschen bestätigt, was zum selbstbewussten Bestehen-Können führt. Personen werden dann stark, wenn das Gefühl besteht, in ihrem Handeln und in ihrem Sein gerechtfertigt zu sein.

- Wertschätzung: Hierbei geht es darum, dass ein anderer Mensch das betrachtet, was er an einer Person schätzen kann und es dieser Person zum Ausdruck bringt. Das hat dann zur Folge, dass die Entwicklung des Selbstwertes gefördert wird. Durch eine Beurteilung anderer und auch einer Selbstbeurteilung erhält das Selbstbild Festigkeit und der Selbstwert wird gefestigt. Infolgedessen ist eine solche Persönlichkeit mit sich authentisch und steht zu sich.

3.5.3.5 Existenzanalyse nach Alfred Längle - Methoden und Anwendungen

Alfried Längle hat den Ursprung in der Logotherapie das Strukturmodell von Frankl, mit den vier personal existenziellen Grundmotivationen weiterentwickelt sowie das phänomenologisch begründete Prozessmodell und die Personale Existenzanalyse. In der Existenzanalyse steht der praktische Zugang zur Existenz im Vordergrund. (vgl. Längle, 2015)

Nach Längle, basiert die Existenzanalyse auf den vier Grundmotivationen, die eine Person zum Leben anregen (Längle, 1999 S. 141):

„1.GM - *KÖNNEN*: Ich bin da. Da sein können. Kann ich sein? Raum, Halt und Schutz in der Welt haben, um sein zu können. Halt finden und mit den Gegebenheiten zurechtkommen. Ja zur Welt. Wertfühlen und sich auf Beziehungen einlassen können. 2.GM - *MÖGEN*: Ich mag sein. Leben mögen. Mag ich leben? Wert des Lebens fühlen. Ja zum Leben. Arbeit in der Entschiedenheit und Authentizität. Selbstaktualisierung. 3.GM - *DÜRFEN*: Ich darf so sein. Selbstsein dürfen. Kann ich mich achten? Authentizität spüren. Ja zur Person. Abstimmung mit den größeren Zusammenhängen, wodurch das Leben in Verantwortung vor sich selbst und vor anderen handelnd vollzogen wird. 4.GM- *SOLLEN*: Dafür bin ich da. Sinnvolles Wollen. Sein für etwas, jemanden-Sein (Sinn). Offensein für Sinn/Zusammenhänge. " (Längle, 2016 S.21)

Die Personale Existenzanalyse wurde zwischen 1988 und 1990 von Alfried Längle entwickelt und 1993 von ihm publiziert. „Das Prozessmodell der Existenzanalyse stellt heute die zentrale Methode für Verarbeitungsprozesse in der Existenzanalyse dar." (Längle, 2016 S. 199-201).

Die Methode der Personale Existenzanalyse erfolgt in vier Schritten:

„PEA 0 (deskriptive Vorphase): Inhaltliche Beschreibung der Fakten (Probleme). Beziehungsaufnahme. Einfühlsames, interessiertes Rückfragen, Klärung von Wedersprüchen. Therapeutische Haltung: primär kognitiv.

PEA 1 (phänomenologische Analyse): Heben des Eindrucks. Verzicht auf Deutungen und Interpretationen, da sie Fremdinformationen sind. Therapeutische Haltung: empathisch.

PEA 2 (Selbstdistanzierung): Einarbeiten des Eindrucks zu bestehenden Wertbezügen. Integrieren der Emotionalität in die Gesamtheit der Wertbezüge. Therapeutische Haltung: verstehend, dann begegnet (bis konfrontativ).

PEA 4 (Selbstaktualisierung): Erarbeiten des adäquaten Ausdrucks als handelnde Antwort (äußere Stellungnahme). Ausdruck als ganzheitliches Sich-Einlassen der Person. Therapeutische Haltung: schützend, ermutigend." (Längle, 1999, 2000, 2016).

Die PEA kommt auch in der Aufarbeitung biographische Themen zur Anwendung.

In dieser dialogischen Auseinandersetzung können sich diese Erlebnisinhalte entwickeln, in dem der Mensch mit ihnen in Kontakt tritt, und sich für sie offenhält. Nach Längle ist Existenzanalyse auf die Person ausgerichtet und auf ihr Atmen in der Welt. (vgl. ebd. S.2) „In einem solchen atmenden Austausch und handelnden Wirken in der Welt wird Existenz ganz basal realisiert: der Umstand nämlich, dass die Menschen in eine Welt gestellt sind, in der es gilt, sich selbst zu finden (und zu werden) und mit den vorhandenen Gegebenheiten förderlich umzugehen. Mit zunehmender Ich-Findung entsteht ein Selbstbild, welches in Abgrenzung von anderen Menschen erfolgt." (Längle, 2016 S.25). Jasper argumentiert „Im Verlaufe einer Existenzanalyse wird die Aufmerksamkeit darauf eingerichtet, wie und aufgrund wessen sich ein Mensch entscheidet, worauf er sich einlässt und was er zu seinem macht." (Jasper zit. n. Längle, 2016 S.19)

In diesem Abschnitt konnte deutlich gezeigt werden, welche Möglichkeiten hinsichtlich dieser Therapieform existieren.

4 Diskussion und Reflexion der Erkenntnisse

Die angeführten Ergebnisse konnten zeigen, dass die Existenzanalyse eine wirkungsvolle Methodik zur Identitätsbildung bei MigrantInnen darstellt. Wie bereits angeführt, existiert kein wissenschaftlicher Nachweis dazu, inwiefern die Existenzanalyse im Kontext der Migration und Identitätsfindung wirksam ist. Jedoch gilt Frankl selbst, als Holocaustüberlebender als lebender Beweis für die Existenzberechtigung seiner Therapie. Eine Durchsicht der Literatur ergab, dass seine Therapieform in der Anwendung nicht umstritten ist. Das deutet darauf hin, dass diese Vorgehensweise in der psychotherapeutischen Praxis sehr beliebt und auch erfolgsversprechend scheint. Denn: „Gelingt es einem Menschen gut, als Person mit seiner Welt und dem eigenen Erleben stimmig umzugehen, scheint die Anwendung der Logotherapie und der herkömmlichen Existenzanalyse relativ unproblematisch und – fast folgerichtig – zu gelingen." (Kolbe 2013, S. 40).

Ob es allerdings die MigrantInnen gelingt, ein stimmiges Verhältnis aufzubauen, liegt entscheidend auch an den Fähigkeiten der PsychotherapeutInnen. So ist kritisch anzuführen, dass zur Bearbeitung dieses Themas, in der Praxis, kulturelles Wissen in der Psychotherapie erforderlich sein sollte. Obwohl vielfältige Literatur, zu dem Thema der Beratung von ethnischen Angehörigen, existiert, stellt die interkulturelle Beratung dennoch eine große Herausforderung für die PsychotherapeutInnen dar. Um die Rolle der Person besser zu verstehen, ist die Person in Ihrem Kontext zu sehen. In diesem Zusammenhang spielen drei Konzepte eine wichtige Rolle: Umwelt (die physische Umwelt), Mitwelt (die zwischenmenschliche Welt) und die Eigenwelt. Es gilt hierbei zu akzeptieren, dass die Unterschiede zwischen den Kulturen sich grundsätzlicher Natur sind. Der Therapeut muss diese Realität akzeptieren, um bei dem Therapieprozess von kulturell unterschiedlichen Klienten effektiv zu sein (vgl. Vontress 1979, S. 117).

Als weiteren Punkt in diesem Zusammenhang anzuführen ist, dass die Logotherapie und Existenzanalyse als Psychotherapie ambivalent sind. Denn: „Die Logotherapie steht zwar, was die Forschung anbelangt, in einem heuristischen und, was die Lehre anbelangt, in einem didaktischen Gegensatz zur bisherigen Psychotherapie im engeren Wortsinn, ist aber nicht als deren Ersatz gedacht" (Kolbe 2013, S. 40). Somit besteht nicht die Möglichkeit, die Psychotherapie durch die Existenzanalyse oder Logotherapie zu ersetzen, jedoch ist es erforderlich, die Psychotherapie durch diese Vorgehensweisen zu ergänzen (vgl. ebd.).

5 Zusammenfassung und Schlussbetrachtung

Dieser Arbeit setze sich ausführlich mit den Konzepten der Identität und der interkulturellen Identität auseinander. Im Rahmen der Identität kann angeführt werden, dass diese Begrifflichkeit nur äußerst schwer zu fassen ist und eine eindeutige Definition in diesem Zusammenhang nicht möglich ist. Wird der Aspekt der interkulturellen Identität betrachtet, so kann festgestellt werden, dass ein Auflösungsprozess dazu führen kann, dass betroffene Menschen Probleme mit der eigenen Identität aufweisen. Aber auch der Gesichtspunkt, dass MigrantInnen sich zu mehreren kulturellen Räumen zugehörig fühlen, bestätigt diese Vermutung.

Ebenfalls wurden in dieser Arbeit die spezifischen Belastungen für MigrantInnen betrachtet. Belastungen im Kontext der Migration können dabei sehr vielfältige sein. Traumatische Erfahrungen rühren insbesondere aus den Erfahrungen, die im Migrationsprozess gesammelt wurden. Überdies können solche Belastungen dazu führen, dass kein Trauerprozess stattfinden kann. Dies hat zur Folge, dass die Vorstellung über eigenen Identität ins Wanken gerät. Insbesondere jugendliche MigrantInnen haben Schwierigkeiten hinsichtlich der Identitätsentwicklung. Das kann unter anderem damit begründet werden, dass jugendliche MigrantInnen kontinuierlich mit Voreingenommenheit konfrontiert werden und somit eine bereits bestehende Unsicherheit wächst. Denn die psychosoziale Entwicklung und Identitätsentwicklung steht in einer Wechselwirkung mit der Gesellschaft. Eine weitere Problematik der Identität von MigrantInnen liegt darin begründet, dass multiple Identitäten geschaffen werden, welche sich sowohl auf die Heimat-, als auch auf die Siedlungsidentität beziehen. Durch das Leben in verschiedenen Gesellschaften können TransmigrantInnen ihre Handlungen und Überzeugungen zwar kontinuierlich verändern, jedoch führt dies auch dazu, dass kulturelle Differenzierungen und separierte Identitäten geschaffen werden. An dieser Stelle soll auf die eingangs genannte Fragestellung eingegangen werden: Welche Möglichkeiten bietet die Existenzanalyse zur Identitätsfindung bei MigrantInnen?

Längles Existenzanalyse stellt eine Therapieform dar, die sich in der psychotherapeutischen Praxis bislang vielfach bewähren konnte. Sie basiert auf einem praktischen Zugang zur Existenz. Das bedeutet, die Offenheit des Menschen ermöglicht, für sich selbst, und den offenen, dialogischen Austausch mit der Welt herzustellen. Dabei beruht die Existenzanalyse auf verschiedenen theoretischen Erkenntnissen. So hat beispielsweise das Menschenbild in der Existenzanalyse eine wichtige Bedeutung, da der Mensch gleichzeitig leiblich, seelisch und geistig ist. Ein weiterer Aspekt, welcher in der Existenzanalyse im Vordergrund steht, ist die innere Zustimmung und das 'Ja' zum Leben. Der innere Akt der Zustimmung ist so bedeutungsvoll, dass man ihn als existenzbegründend ansehen kann. Überdies ist es erforderlich, dass der Mensch als Sinnsucher betrachtet wird. Denn Menschen haben insbesondere dann Sorgen, wenn sie ohne Sinn, ohne Ziele und ohne Werte sowie Idealen leben.

Für die Existenzanalyse spielt der Sinn des Lebens und des Daseins eine übergeordnete Rolle. Im Rahmen dieser Arbeit konnte herausgestellt werden, dass diese Therapieform eine sehr gute Möglichkeit darstellt, bei Identitätsproblemen von MigrantInnen zu wirken. Begründet werden kann dieser Entschluss damit, dass die Existenzanalyse dazu beitragen kann, den eigenen Ort im Leben zu finden, an dem man seine Fähigkeiten optimal entfalten kann. Zudem trägt dieses Konzept dazu bei, dass betroffene MigrantInnen wieder hoffen können und darüber Bescheid wissen, was ihr Leben wieder lebenswert machen kann. Als wesentlich kann auch angesehen werden, dass die Therapieform die MigrantInnen dabei hilft, Hemmungen und Blockaden, die sie bei der Sinnsuche behindern, zum einen zu erkennen und zum anderen aufzuheben. Hierbei sollte es sich in erster Linie um die Wahrnehmung von eigenen Sinnmöglichkeiten handeln und nicht darum, dass dem Menschen ein Sinnangebot erstellt wird. Ferner geht es darum, dass das Dasein und die eigenen Erfahrungen im Leben, dem Menschen eine eigene Identität geben. Die existenzanalytische Therapie verfolgt daher das Ziel, betroffene Personen bei der Ich-Identitätsfindung, mit Hilfe der personalen Existenzanalyse, zu unterstützen.

Es kann erwähnt werden, dass die Existenzanalyse und Logotherapie bereits schon seit geraumer Zeit existieren und eine Vielzahl an Erfahrungen diesbezüglich gesammelt werden konnten. Jedoch ist kritisch zu betrachten, dass vermutlich viel zu wenige PsychotherapeutInnen über ein umfangreiches kulturelles Wissen verfügen, insbesondere über die ethnischen Gruppen, die durch traumatische Erfahrungen solch eine Therapie in Anspruch nehmen. Es sollte in diesem Bezugsrahmen betont werden, dass Aus- und Weiterbildungsinstitute Module zu Migration, Kultursensibilität und interkulturelle Psychotherapie in ihrem Lehrplan erweiternd aufnehmen sollten. Nicht alle PsychotherapeutInnen haben jedoch von 'Natur' aus diese Fähigkeiten und sind daher auf entsprechende Ausbildungsmaßnahmen angewiesen, die ihnen diese Voraussetzungen vermitteln können. An dieser Stelle kann daher möglicherweise davon ausgegangen werden, dass PsychotherapeutInnen mit Migrationshintergrund, die die Problematik am eigenen Leib erfahren haben, die 'bessere Wahl' darstellen könnten.

Diese Hypothese müsste allerdings in weiteren Untersuchungen bestätigt werden.

Literaturverzeichnis

Abels, Heinz (2017): Identität. Über die Entstehung des Gedankens, dass der Mensch ein Individuum ist, den nicht leicht zu verwirklichenden Anspruch auf Individualität und Kompetenzen, Identität in einer riskanten Moderne zu finden und zu wahren. 3. Auflage. Wiesbaden: Springer Verlag.

Baer, Udo & Frick-Baer, Gabriele (2016): Flucht und Trauma. Gütersloh: Gütersloher Verlagshaus (e-book).

Born, Aristi (2002): Regulation persönlicher Identität im Rahmen gesellschaftlicher Transformationsbewältigung. Münster u.a.: Waxmann Verlag.

Butterwegge, Carolin (2010): Armut von Kindern mit Migrationshintergrund. Ausmaß, Erscheinungsformen und Ursachen. Wiesbaden: Verlag für Sozialwissenschaften.

Enggruber, Ruth & Rützel, Josef (2014): Berufsausbildung junger Menschen mit Migrationshintergrund. Eine repräsentative Befragung von Betrieben. Gütersloh: Bertelsmann Stiftung.

Erdheim, M. (1992): Das Eigene und das Fremde. Über Ethnische Identität. Psyche Z Psychoanal 46. S. 730 - 744

Erim, Yesim (2009): Posttraumatische Belastungsstörung (PTSD) im Kontext der Migration. In: Erim, Yesim (Hrsg.): Klinische interkulturelle Psychotherapie. Ein Lehr- und Praxisbuch. Stuttgart: Kohlhammer Verlag, S. 91-106.

Fabry, Joseph B. (1984): Das Ringen um Sinn. Eine Einführung in die Logotherapie. Freiburg im Breisgau: Herder Verlag.

Fellmann, F. (2006): Phänomenologie zur Einführung. Hamburg: Junius Verlag.

Frankl, Viktor E. (1987): Logotherapie und Existenzanalyse. Texte aus fünf Jahrzehnten. München: Piper Verlag.

Frankl, Viktor E. (2010): Der unbewusste Gott. Psychotherapie und Religion. 10. Auflage. München: dtv-Verlag.

Frankl, Viktor E. (2016): ...trotzdem Ja zum Leben sagen. Ein Psychologe erlebt das Konzentrationslager. 8. Auflage. München: Kösel-Verlag

Frankl, Viktor E. (2017): Ärztliche Seelsorge. Grundlagen der Logotherapie und Existenzanalyse. 7. Auflage. München: dtv-Verlagsgesellschaft.

Gebler, Florian A. (2009): Die existentielle Perspektive in der Psychotherapie. Schwangau: Quellwasser Verlag.

Geier, Katharina, Daqieq, Babrak & Schlüter-Müller, Susanne (2012): Kultursensible Hilfen für traumatisierte Flüchtlinge. In: Schmid, Marc, Tetzer, Michael, Rensch, Katharina & Schlüter-Müller, Susanne (Hrsg.): Handbuch Psychiatriebezogene Sozialpädagogik. Göttingen: Vandenhoeck & Ruprecht, S. 259-277.

Glick Schiller, Nina, Basch, Linda & Blanc-Szanton, Christina (1997): Transnationalismus: Ein neuer analytischer Rahmen zum Verständnis von Migration. In: Kleger, Heinz (Hrsg.): Transnationale Staatsbürgerschaft. Frankfurt am Main: Campus Verlag, S. 81-107.

Görgen, Christine (2013): Pathodizee statt Theodizee? Mensch, Gott und Leid im Denken Viktor E. Frankls. Münster: LIT Verlag.

Gogolin, Ingried & Pries, Ludger (2004): Stichwort: Transmigration und Bildung. In: Zeitschrift für Erziehungswissenschaft, 7 (1), S. 5-19.

Heidbrink, Horst, Lück, Helmut E. & Schmidtmann, Heide (2009): Psychologie sozialer Beziehungen. Stuttgart: Kohlhammer Verlag.

Henning, Tim (2012): Personale Identität und personale Identitäten – Ein Problemfeld der Philosophie. In: Petzold, Hilarion G. (Hrsg.): Identität. Ein Kernthema moderner Psychotherapie. Wiesbaden: Verlag für Sozialwissenschaften, S. 19-38.

Herzig, Bardo & Aßmann, Sandra (2014): Schule, Identität und Medien. Vom Umgang mit Ambivalenzen. In: Hagedorn, Jörg (Hrsg.): Jugend, Schule und Identität. Selbstwerdung und Identitätskonstruktion im Kontext Schule. Wiesbaden: Springer Verlag, S. 647-666.

Jasper, Karl (1960): Vernunft und Existenz. Fünf Vorlesungen. München: Piper Verlag.

Kohte-Meyer, Irmhild (2009): Funktionsstörungen des Ich und die Neuorientierung der Ich-Identität im Migrationsprozess. In: Erim, Yesim (Hrsg.): Klinische interkulturelle Psychotherapie. Ein Lehr- und Praxisbuch. Stuttgart: Kohlhammer Verlag, S. 146-157.

Kolbe, Christoph (2013): Zur Entwicklung der Personalen Existenzanalyse. In: Längle, Alfried (Hrsg.): Praxis der Personalen Existenzanalyse. Wien: Facultas Verlag, S. 39-52.

Kronsteiner, Ruth (2009): Kultur und Migration in der Psychotherapie – Ethnologische Aspekte psychoanalytische und systemischer Therapie. 2. Auflage. Frankfurt am Main: Brandes & Apsel Verlag.

Kruse, Johannes, Brandmaier, Maximiliane & Hofmann, Mareike (2013): Die Folter bleibt nicht ohne Folgen – Die Auswirkungen von Traumafolgestörungen auf das asylrechtliche Verfahren. In: Altenhain, Karsten, Kruse, Johannes, Hagemeier, Ina & Hofmann, Mareike (Hrsg.): Folter vor Gericht. Göttingen: Vandenhoeck & Ruprecht, S. 25-42.

Längle, Alfried (1999): Existenzanalyse – Die Zustimmung zum Leben finden. In: Fundamenta Psychiatrica, 12, S. 139-146.

Längle, Alfried (2000): Schematische Darstellung der einzelnen Schritte der PEA. S. 77-84. In: Ders. (Hrsg.): Praxis der personalen Existenzanalyse. Wien: Facultas Verlag.

Längle, Alfried (2003): Emotion und Existenz. In: Längle, Alfried (Hrsg.): Emotion und Existenz. Wien: Facultas Verlag, S. 27-42.

Längle, Alfried (2007): Existenzanalyse – durch Dialog zur Entschiedenheit anleiten. In: Gesprächspsychotherapie und Personzentrierte Beratung, 1, S. 7-10.

Längle, Alfried (2012): Erfüllte Existenz. Entwicklung, Anwendung und Konzepte der Existenzanalyse. Wien: Facultas Verlag.

Längle, Alfried (2013): Viktor Frankl. Eine Begegnung. Wien: Facultas Verlag.

Längle, Alfried (2014): Lehrbuch zur Existenzanalyse. Grundlagen. 2. Auflage. Wien: Facultas Verlag.

Längle, Alfried (2015): GLE International. Lernskriptrum zur Existenzanalyse. Die Grundbedingungen der Existenz. Vier Grundmotivationen. GLE: Wien

Längle, Alfried (2016): Existenzanalyse. Existenzielle Zugänge der Psychotherapie. Wien: Facultas Verlag.

Längle, Alfried & Bürgi, Dorothee (2014): Existenzielles Coaching. Theoretische Orientierung, Grundlagen und Praxis für Coaching, Organisationsberatung und Supervision. 1. Auflage. Wien: Facultas Verlag. S. 55 – 63.

Längle, Alfried & Bürgi, Dorothee (2016): Wenn das Leben pflügt. Krise und Leid als existentielle Herausforderung. Göttingen: Vandenhoeck & Ruprecht.

Levold, Tom (2012): Differenz und Vielfalt statt Einheit: Identität in Theorie und Praxis der systemischen Theorie. In: Petzold, Hilarion G. (Hrsg.): Identität. Ein Kernthema moderner Psychotherapie – interdisziplinäre Perspektiven. Wiesbaden: Verlag für Sozialwissenschaften, S. 379-406.

May, Rollo (1990): Sich selbst entdecken. Seinserfahrungen in den Grenzen der Welt. München: dtv Verlag.

Mead, George Herbert (1973): Geist, Identität und Gesellschaft. Frankfurt am Main: Suhrkamp Verlag.

Noack, Juliane (2010): Erik H. Erikson: Identität und Lebenszyklus. In: Jörissen, Benjamin & Zirfas, Jörg (Hrsg.): Schlüsselwerke der Identitätsforschung. Wiesbaden: Verlag für Sozialwissenschaften, S. 37-54.

Ondoa, Hyacinthe (2005): Identität und interkulturelle Beziehungen. Leipzig: Universitätsverlag.

Pattakos, Alex (2011): Gefangene unserer Gedanken. Viktor Frankls 7 Prinzipien, die Leben und Arbeit Sinn geben. Wien: Linde Verlag.

Penitsch, Regine (2003): Migration und Identität. Eine Mikro-Studie unter marokkanischen Studenten und Studentinnen in Berlin. Berlin: Weißensee Verlag.

Raskob, Hedwig (2005): Die Logotherapie und Existenzanalyse Viktor Frankls. Systematisch und kritisch. Wien: Springer Verlag.

Rauner, Felix (2010): Berufsbildung in Deutschland: Krise, Kontinuität, neue Konzepte. In: Bosch, Gerhard, Krone, Sirikit & Langer, Dirk (Hrsg.): Das Berufsbildungssystem in Deutschland. Aktuelle Entwicklungen und Standpunkte. Wiesbaden: Verlag für Sozialwissenschaften, S. 63-90.

Rosen, Lisa (2014): Empirische Schlaglichter auf Identitätskonstruktionen von Schülerinnen und Schülern mit Migrationshintergrund. In: Hagedorn, Jörg (Hrsg.): Jugend, Schule und Identität. Selbstwerdung und Identitätskonstruktion im Kontext Schule. Wiesbaden: Springer Verlag, S. 321-348.

Roth, Hans-Joachim & Terhart, Henrike (2008): Kinder und Jugendliche mit Migrationshintergrund. Ihre Lebenssituation in Deutschland. In: TELEVIZION, 21 (1), S. 4-9.

Runggaldier, Edmund (2000): Diachrone Identität von Personen. In: Rager, Günter & Holderegger, Adrian (Hrsg.): Bewusstsein und Person. Neurobiologie, Philosophie und Theologie im Gespräch. Freiburg: Universitätsverlag, S. 70-85.

Sander, Uwe (2014): Jugend und Jugendlichkeit als Identitätskern moderner Gesellschaften. In: Hagedorn, Jörg (Hrsg.): Jugend, Schule und Identität. Selbstwerdung und Identitätskonstruktion im Kontext Schule. Wiesbaden: Springer Verlag, S. 29-45.

Scheerer, Reinhard (2014): Logotherapie und Existenzanalyse. Viktor E. Frankl, Elisabeth Lukas und Alfried Längle. Eine Einführung. Norderstedt: Books on Demand.

Scheider, Kirg J. & Krug, Orah, T. (2012): Humanistisch-Existentielle Therapie. München: Reinhardt Verlag.

Schwantes, Yimei (2009): Bin ich Deutsche/r oder Taiwaner/in? Münster: Waxmann Verlag.

Stasser, Elisabeth (2009): Was ist Migration? Zentrale Begriffe und Typologien. In: Six-Hohenbalken, Maria & Tošić, Jelena (Hrsg.): Anthropologie der Migration. Theoretische Grundlagen und interdisziplinäre Aspekte. Wien: Facultas Verlag, S. 15-28.

Streek-Fischer, Anette (2014): Trauma und Entwicklung. 2. Auflage. Stuttgart: Schattauer Verlag.

Stumm, Gerhard & Pritz, Alfred (2009): Wörterbuch der Psychotherapie. 2. Auflage. Wien: Springer Verlag.

Supper, Sylvia (1999): Minderheiten und Identität in einer multikulturellen Gesellschaft. Wiesbaden: Springer Verlag.

Thomas, Alexander (1993): Kulturvergleichende Psychologie. Eine Einführung. Göttingen: Hogrefe Verlag.

Thomas, Murray & Feldmann, Birgit (2002). Die Entwicklung des Kindes. Weinheim, Basel: Beltz Verlag.

Volkan, Vamik, D. (2002): Vorwort: Identitätsverlust – Migration und Verfolgung. In: Bell, Karin, Holder, Alex, Janssen, Paul & van Sande, J. (Hrsg.): Migration und Verfolgung. Psychoanalytische Perspektiven. Gießen: Psychosozial Verlag, S. 13-36.

Vontress, Clemmont E. (1979): Cross-Cultural Counseling: An Existential Approach, In: Journal of Counseling & Development, 58 (2), S. 117-122.

Winnicott, D.W. (2006): Reifungsprozess und fördernde Umwelt. Gießen: Psychosozial Verlag

Wirtgen, Waltraut (2009): Traumatisierte Flüchtlinge. Psychische Probleme bleiben meist unerkannt. In: Deutsches Ärzteblatt, 106 (49), S. 2463-2465.

Yalom, Irvin D. (2010): Existenzielle Psychotherapie. 5. Auflage. Freiburg im Breisgau: Haufe Verlag (e-book).